나에 관한
기억을
지우라

방송문화진흥총서 165

나에 관한 기억을 지우라

잊혀질 권리 vs 언론의 자유

구본권 지음

풀빛

차례

프롤로그

이제 잊혀질 권리를 이야기하자

'잊혀질 권리'를 연구하게 된 계기는 2000년대 초반 걸려온 한 통의 전화였다. '오래전 신문기사를 인터넷에서 삭제해줄 수 있느냐' 라는 내용이었다. 당시 나는 신문사에서 인터넷 뉴스의 생산과 편집 실무를 책임지고 있었다. 지면에 실린 기사를 인터넷에서 고치는 일도 했다. 예를 들어, 23일 기사에 사람 이름이 잘못 나가면 종이신문은 24일 지면에 '고침' 기사를 냈다. 하지만 인터넷에서는 종이신문과 다른 방식으로 고침을 처리했다. 24일의 고침 기사를 따로 등록하지 않고 23일 기사의 데이터에 접근해 잘못된 부분을 직접 고쳤다. 인터넷에서 계속 유통될 기사이기 때문에 독자에게 좀 더 완벽한 기사를 전달하기 위해 바로잡는 것이 제대로 된 고침이었다. 전화를 건 사람의 목소리는 차분했지만, 요청은 절실했다.

"포털에서 내 이름을 검색했더니 예전에 저지른 절도사건 신문기사가 나오네요. 철없던 시절의 일이고, 법에 따라 처벌받고, 이미 오래전에 사면과 복권까지 받고, 정부의 공식 기록에서도 지워진 일입니다. 나도 잊고 있던 오래전 기사가 포털에서 검색되다니 정말 당황스럽네요. 아이가 나중에 커서 내 이름을 검색해볼 것을 생각하니 걱정입니다. 처벌받고 다 끝난 일인데 제발 삭제 좀 해주세요."

그 사람의 이름으로 검색을 해보니 1990년대 초반에 실린 사소한 절도 기사가 검색됐다. 20대 청년이 빈집에 들어가 VTR 등 전자제품을 훔치다 체포됐다는 내용이었다. 지금은 신문이나 방송에서 잘 다루지도 않는 기사였다. 사건의 중요성에 비해 기사가 상세해서 놀랐다. 확정판결은커녕 기소와 1심 재판도 시작하지 않은 범죄 용의자일 뿐인데도 이름과 나이는 물론 정확한 주소까지 그대로 적혀 있었다. 뿐만 아니라 피해자의 이름과 나이, 주소도 고스란히 드러나 있었다. 지금의 보도 기준으로는 상상도 할 수 없는 일이었다. 지금 이런 식으로 기사를 내보냈다가는 용의자와 피해자 모두에게 상당액을 배상해야 할 것이다. 무엇보다 이런 과거 기사가 포털 검색을 통해 너무나 손쉽게 나타나며, 그 기사를 누구나 이용할 수 있다는 점이 충격이었다.

나는 기사 삭제 요청이 타당한 논리와 정당성을 갖추고 있다고 생각했다. 사법 절차가 끝나 전과 기록마저 삭제되고 스스로도 잊다시피 한 오래전 잘못이다. 그런데 인터넷 검색을 통해 오래전 잘못이 다시 드러나 생활에 혼란을 줄 가능성에 대한 그의 불안과 우려에 공감했다. 하지만 과거에 보도한 기사를 누군가의 요청이나 담당자의 자의적 판단에 따라 삭제하거나 고치는 것은 허용되지 않았다. "삭제를 요청하신 기사에 사실 관계가 잘못된 부분이 있습니까? 잘못된 내용이 없다면 보도된 지 오래됐다는 이유로, 또 관련자의 요청을 이유로 기사를 삭제하거나 수정하는 것이 저희 신문사에서는 허용되지 않습니다. 요청하신 사정이 안타깝지만, 해당 기사를 삭제하거나 수정할 수 있는 권한이 담당자인 저를 비롯해 회사 내 누구에게도 없습니다." 사정이 딱하고 문제 제기에 공감했지만 사무적으로 대답할 수밖에 없었다.

보도 내용에 오류가 없는데 단지 기사화된 지 오래됐다거나 누군가 요청한다고 해서 삭제하거나 수정하는 것은 제대로 된 언론이라면 허용할 수 없다. 그러면 해당 언론사는 중대한 신뢰 위기를 맞을 것이다. 사료가 되는 과거 신문기사 데이터베이스는 훼손될 것이고, 나중에는 남아날 기사가 거의 없게 될 것이다. 더욱이 기업이나 권력자가 특정 기사의 수정이나 삭제를 요청하면서 압력을 행사하거나 거래를 요구할 경우 문제는 한층 심각해진다. 언론의 신뢰 붕괴는 불 보듯 뻔하다.

이후로도 인터넷에서 기사 삭제와 수정 요청은 계속됐고, 나의 사무적 답변은 되풀이됐다.

군에서 아들이 자살했는데 신문에 '군대에서 의문의 죽음'이라는 제목의 기사가 실렸다. 아들 이름이 익명으로 실렸지만 기사를 볼 때마다 아픈 기억이 되살아난다. 기사를 없애달라.(ㅂ씨, 2005년)

2002년 다단계 회사의 불법 판매와 관련해 구속됐다가 풀려났는데 내 이름을 치면 그때 기사가 계속 검색돼서 가수 활동에 지장이 많다. 기사를 빼줄 수 없는가.(ㅇ씨, 2006년)

간통 혐의로 구속 기소됐던 연예인이다. 보석으로 석방됐다가 고소인의 소 취하로 공소 기각 판결을 받았다. 관련 기사 삭제를 부탁한다.(ㄱ씨, 2007년)

가수 ○○○다. 가정을 이루어 살고 있는데 여러 해 전 간통과 폭행으로 구속돼 처벌받은 적이 있다. 사춘기 아이들이 상처를 입을까 걱정되니 관련 기사를 삭제해달라.(ㅈ씨, 2007년)

우리 회사가 상품 판매 포장을 잘못 표기해 소비자를 오인케 했다는 기사가 실렸는데 이후 경쟁 업체에 의해 마케팅 수단으로 활용되고 있다. 영업 활동에 지장이 많고 오래전 일인데 삭제해줄 수 없나.(ㅈ씨, 2006년)

그러나 위의 사례들을 접하면서 사무적 답변으로 요청을 외면하거나 모른 체하는 것이 적절치 않다는 생각이 점점 짙어졌다. 언론의 보도 기준과 관심 영역은 시대에 따라 변한다. 해당 사건을 기사화한 언론들도 이제는 과거의 보도 기준과 표현 방식을 더는 쓰지 않는다. 지금은 훨씬 중대한 범죄가 발생해도 범죄자나 피해자의 신원을 상세히 밝히지 않는다. 법적으로 보장된 관련자의 권리이기 때문이다. 그런데도 언론 종사자로서 오래전 사소한 사건에 연루된 사람에 관한 시시콜콜한 기사가 인터넷에서 유통돼 생겨나는 피해는 "별수 없으니 참아야 한다"라고 답변해야 하는 현실이 난감했다. 언론이 관행을 이유로 공적 가치가 없는 사안에서 당사자의 피해 구제 요청을 외면한다는 생각이 들었다. 사실 형법도 범죄에 대한 과도한 처벌이 지속적으로 이뤄지는 것이 부당하다고 여겨, 형 실효에 관한 법률을 통해 형사처분 뒤 일정 기간이 지나면 형의 실효와 전과 기록을 삭제하도록 한다. 법에서 보장한 이러한 과잉 처벌 금지와 행복추구권을 간과하는 느낌이었다. '인터넷 검색의 편리함을 누리는 대가로 지불해야 하는 비용의 문제일까?' '해결책은 없을까?' 의문이 이어졌고, 손쉬운 해결책이 보이지 않는 만큼 문제의식도 깊어졌다.

이를 계기로 2006년 내가 일하는 신문사는 묵은 기사의 인터넷 유통으로 생긴 피해에 관한 기사를 몇 차례 내보냈다. 그 뒤 신문사 안에서 외부 전문가들이 참여하는 독자권익위원회의 논의를 거쳐서 인터넷 기사 삭제에 관한 가이드라인을 만들었다. 2007년 9월에는 한국언론재단에 '묵은 기사의 인터넷 유통'을 주제로 한

토론회를 제안해 내가 주제 발표를 했다. 국내에서 처음으로 인터넷과 관련해 잊혀질 권리를 공론화한 자리였다. 당시 〈한겨레〉 시민편집인으로 토론회에서 사회를 맡았던 김형태 변호사(천주교 인권위원회 위원장)는 인터넷 세상이 됨에 따라 앞으로는 잊혀질 권리가 주요한 권리로 떠오를 것이라고 예견하며, 인터넷과 관련해 생소하던 '잊혀질 권리'라는 단어를 국내에서 사실상 처음으로 만들어 사용했다. 이러한 일들이 계기가 되어 나는 2008년 언론 학술지에 지도교수와 함께 잊혀질 권리를 다룬 국내 첫 논문을 실었다.[1)]

한국에서 이 문제가 저널리즘의 새로운 과제로 떠오르기 시작한 무렵인 2007년, 미국의 〈뉴욕 타임스〉도 시민편집인 클라크 호이트(Clark Hoyt)가 쓴 비슷한 주제의 칼럼을 게재했다.[2)] 나라별로 언론의 역할과 지위, 표현 자유 보장의 범위는 상당한 차이가 있지만, 오래전 기사가 인터넷에서 유통되면서 생겨나는 새로운 피해 호소에 대한 언론계의 고민은 마찬가지라는 게 확인된 셈이다.

잊혀질 권리는 2011년 유럽연합에서 본격적으로 논의되기 시작했다. 2010년 유럽연합 집행위원회(European Commission)가 '일반 데이터 보호 레귤레이션(General Data Protection Regulation, GDPR)'을 공표하고, 2011년 유럽연합 집행위원회의 법무 담당 위원인 비비안 레딩(Viviane Reding)이 잊혀질 권리를 개인의 프라이버시 권리의 핵심이자 데이터 보호 개혁의 필수 요소라고 강조한 것이 신호탄이다.

그 뒤 유럽과 미국을 중심으로 잊혀질 권리에 관한 다양한 논의가 퍼져나갔다. 개인정보 보호 법규를 인터넷과 디지털 환경에 맞도록 바꿔 개인정보 자기결정권을 보호해야 한다는 것이 유럽연합의 태도였다. 반면 마이크로소프트, 구글, 페이스북 같은 글로벌 정보 기술 기업들로 대표되는 미국은 잊혀질 권리 도입을 강하게 반대했다. 이들은 인터넷이라는 자유로운 공간에서 표현의 자유를 제한하는 비합리적 규제라고 비판했다. 또한 인터넷의 속성상 기술적으로도 구현이 불가능하다고 주장했다.

유럽연합과 미국의 태도 차이는 두 지역 사이에 놓인 바다만큼이나 멀어 '대서양 양안의 충돌(Trans Atlantic Clash)'이라고 불릴 정도였다. 두 지역은 법률적 차이는 물론이고 역사적 경험이나 사회문화적 관습이 서로 달라서 타협안이나 해결책이 나오지 않을 것 같았다. 하지만 이는 단견이었다.

2010년 한 스페인 시민이 정보 보호 당국에 구글의 검색 결과 삭제를 요청했다. 이 요청은 정식 재판으로 청구됐고 스페인 정부는 구글에게 검색 결과 삭제를 명령했다. 이에 반발해 구글이 2012년 유럽연합 사법재판소에 항소하면서 잊혀질 권리에 대한 세계적 관심이 가열됐다. 이 판결은 '향후 글로벌 인터넷 질서를 새로 규정할 인터넷 거버넌스의 분수령'으로 불리면서 이목을 집중시켰다. 2014년 5월 유럽연합 사법재판소는 잊혀질 권리를 인정한다고 판결했다. 그 뒤 논의의 차원이 달라졌다. 유럽연합 사법재판소의 결정은 역내 모든 회원국에서 효력을 지녀 더 이상의 항소가 불가능했다. 사법재판소는 유럽연합 내 최고 법원에 해당하는 기능을 한다. 판결 뒤 구글은 유럽연합 안에서 잊혀질 권리 신청을 받는 홈페이지를 만들었다. 그러나 잊혀질 권리를 어떤 조건 아래서, 어떤 절차로, 어떤 요청에 적용할지에 대해서는 여전히 논의가 진행 중이다. 또 사법 권역별로 법률체계와 프라이버시 규정 및 문화가 제각각이라서 적용 여부 자체도 가변적이다.

인터넷도 여느 기술 설계처럼 사람이 구조와 작동 방식을 정한다. 인류사에서 인터넷은 언어 사용과 문자의 발명에 비견될 정도로 엄청난 변화를 가져온 소통 수단이자 인지 도구이다. 인터넷은 전 세계가 연결돼 있는 거대한 네크워크이자 대부분의 업무와 경제 활동이 처리되는 플랫폼이다. 하지만 잊혀질 권리에 대한 논의와 판결은 인터넷이 거대하고 강력한 힘이라고 해서 고정불변의 것이거나, 완벽한 것이 아님을 보여주었다.

잊혀질 권리에서는 대표적으로 프라이버시 권리와 표현의 자유가 대립한다. 이 두 가치를 상황에 따라 우선순위를 정하고 조화롭게 만드는 일은 인터넷의 기본 구조와 사회적 가치 체계가 어떻게 조화를 이뤄야 하는지와 연결된다. 잊혀질 권리 논의가 정보화 사회에서 중요한 이유다.

망각이 예외가 된 세상

이 책에서는 관용에 따라 '잊혀질 권리'라고 쓴다. 'The right to be forgotten'을 '잊힐 권리'나 '망각될 권리'보다는 이중피동형이지만 '잊혀질 권리'로 옮기는 게 좀 더 자연스럽다고 보기 때문이다. 그럼에도 잊혀질 권리가 여전히 어색한 까닭은 어법의 문제라기보다 개념이 나타내는 특수한 상황 때문이다. 누군지 모를 제3자의 두뇌 속에 있는 나와 관련한 기억이나 정보를 지울 것을 요청하는 것이 나의 권리라고 말하는 독특한 상황 말이다. 이렇게 잊혀질 권리는 문학적 상징 표현이지 법적 권리로서 구체화하기 어려운 개념이다.

따라서 잊혀질 권리를 제대로 이해하기 위해서는 이 개념이 등장하게 된 근본 배경인 인터넷 세상의 특성을 우선 살펴야 한다. 인터넷과 스마트폰이 보편적인 소통 수단이 되고 기억의 상시적인 보조 도구가 된 디지털 세상은 인류 역사와 문화에서 매우 이례적인 환경이다. 그동안 인지 능력과 사회적 가치 체계에서 주요한 기능을 하는 기억은 선택적이었다. 중요하고 가치 있는 것들은 기억으로 보존되고 그렇지 않은 것들은 대부분 잊히게 마련이다. 인간 기억의 기본 값은 망각이고 기억은 예외적 상황이었다. 그런데 디지털 세상에서는 반대로 기억이 기본 값이 되고 망각이 예외가 됐다. 이것이 인류 역사와 인지 습관에 잊혀질 권리가 등장하게 된 근본 배경이다.

잊기 위해 별도로 노력하지 않는 이상 모든 것이 기록되거나 기억되고 검색에 의해서 언제 어디서나 호출되는 것이 디지털 세상이다. 그동안 접근이 불가능하거나 제한적이던 정보가 연결되고 인덱싱돼 검색되는 정보화 세상은 편리함과 함께 전에 없던 그늘도 만들었다. 정보화의 그늘에 대한 인식이 확산되면서 생겨난 것이 바로 잊혀질 권리다.

그동안 국내외에서 잊혀질 권리는 주로 프라이버시 노출과 같은 개인정보 보호 이슈와 관련해 법률적 차원에서 논의가 이뤄졌다. 하지만 잊혀질 권리의 중요성은 그 이상이다. 이제는 인터넷과 연결되지 않는 일상생활이 불가능하고 디지털의 영향에서 자유로울 수 있는 사람은 거의 없다. 따라서 잊혀질 권리는 유명인이나 공인처럼 미디어에 노출되는 사람들이나 개인정보 보호와 관련해서만 고려할 사안이 아니다. 잊혀질 권리는 정보화 세상에서 인간다운 삶을 누리기 위한 필수 조건이 되는, 즉 모든 사람들이 누려야 하는 기본권이다.

1. 이재진·구본권, "인터넷상의 지속적 기사 유통으로 인한 피해의 법적 쟁점", 〈한국방송학보〉 22권 3호(2008).
2. Hoyt, C., 'When Bad News Follows You', *New York Times*(2007. 8. 26).

1 잊혀질 권리란 무엇인가

문학적 상징에서 법적 권리로

잊혀질 권리의 시작

잊혀질 권리는 인터넷 시대에 프라이버시 권리와 표현 자유의 대립을 보여주는 핵심 개념이다. 하지만 그 뜻은 명료하지 않다. 문화권과 학자에 따라서 차이가 있다. 잊혀질 권리가 법적 권리로서 실질적 이익을 구체화할 수 있는지와 권리 주장을 통해 보호받을 수 있는 성격의 권리인지에 대해서도 마찬가지다.

문학적 상징 표현이었던 잊혀질 권리가 법적 개념으로 구체화한 것은 2012년 1월 25일 유럽연합 집행위원회가 발표한 '일반 데이터 보호 레귤레이션(안)'을 통해서다. 레귤레이션(안)은 1995년에 만들어진 유럽연합의 '데이터 보호 디렉티브(Data Protection Directive)'를 대체하는 개인정보 보호 법제로, 나라별로 입법 절차를 거쳐 유럽연합 27개 회원국에 적용될 예정이다. 그러면 법적 지위가 지침(Directive)에서 규정(Regulation)으로 격상되고 법적 구속력이 커진다. 또한 2014년 5월에 유럽연합 사법재판소가 구글 검색엔진에 노출된 과거 신문기사의 링크를 삭제하라고 판결함으로써 잊혀질 권리가 공식화되고 관련 논의가 본격화됐다.[1]

유럽연합 집행위원회의 레귤레이션(안) 제17조는 '잊혀질 권리와 지울 권리(Right to be forgotten and to erasure)'를 명시했다. 레귤레이션(안)에서 '잊혀질 권리(Right to be forgotten)'는 모두 여섯 번 등장하는데 제17조에서 그 의미와 법령의 취지를 자세히 규정한다. 나머지 다섯 번은 제17조에서 규정한 정보 주체의 권리를 지칭하는 포괄적 표현으로 쓰고 있다. 즉, 잊혀질 권리라는 상징적 표현이 레귤레이션(안)에서 정보 주체의 개인정보 삭제권으로 명료해진 것이다. 그래서 잊혀질 권리라는 모호한 표현 대신 '삭제할 권리(Right to Delete)'로 써야 한다는 주장도 있다.[2] 레귤레이션(안)도 잊혀질 권리를 삭제할 권리의 확장으로 설명하고 있다. 레귤레이션(안) 제17조는 정보 주체가 자신의 개인정보를 제공하는 것에 대한 동의를 철회할 수 있는 권리, 정보처리자에 대해 더 이상 보유가 적법하지 않은 개인정보 삭제를 요청할 권리(잊혀질 권리), 정보처리자가 제3자에게 문제되는 개인정보 삭제를 촉구하도록 노력할 의무의 측면으로 삭제할 권리를 구체화하고 있다.

이처럼 잊혀질 권리는 2012년 1월 레귤레이션(안)을 통해 법적 개념이 됐지만, 유래는 결코 짧지 않다. 2009년 프랑스의 디지털경제 장관 나탈리 코시우스코-모리제(Nathalie Kosciusko-Morizet)는 인터넷에서 잊혀질 권리를 확보하기 위한 캠페인을 벌였다. 이는 2010년 10월 '소셜네트워크와 검색엔진에 대한 망각할 권리의 실행 규약(Charte du Droit à l'Oubli dans les sites collaboratifs et les moteurs de recherche)'을 제정·시행하는 계기가 됐다. 2010년 프랑스의 사르코지 대통령은 "규칙이 부재한 인터넷 세상에 규제를 가하는 것은 도덕적 임무"라고 강조하며 프랑스의 잊혀질 권리 입법 노력을 지원했다. 또한 2010년 11월에 유럽연합 집행위원회가 '유럽연합에서의 개인정보 보호에 관한 포괄적 접근' 지침을 공표하고 유럽의회가 2011년 7월에 이를 의결하면서 잊혀질 권리의 입법 필요성이 가시화됐다. 유럽연합의 비비안 레딩은 2011년 3월에 잊혀질 권리를 개인의 프라이버시 권리의 핵심이자 데이터 보호 개혁의 필수 요소라고 강조했다.

망각의 권리

잊혀질 권리는 영어권 논문에 등장하기 이전부터 프랑스 법률체계에 존재하던 개념이다. 바로 '망각의 권리(Le Droit a l'Oubli)'가 연원이다. 1970년대 말 프랑스 법률체계에 도입된 망각의 권리는 인생에서 더 이상 일어나지 않는 지난 일에 대해서 침묵할 권리를 뜻한다. 이는 주로 전과자가 사면된 경우에 적용하는 개념으로 1970년대 프랑스에서 입법과 법학의 조화를 통해 태어났다. 프랑스의 국가 정보 보호 기구인 국립정보자유위원회는 1999년 데이터 보호 원칙의 하나로 망각의 권리를 명시했다. 위원회는 1999년 데이터 보호 원칙으로 최종성의 원칙, 데이터 수집의 적절성 통제, 개인정보의 기밀성, 접근과 수정의 권리, 반대권, 망각의 권리를 제시했다. 그리고 2009년에는 이 데이터 보호 가이드라인을 웹에도 적용하고 망각의 권리를 기본권으로 인정해야 한다는 성명을 발표했다.

이탈리아에도 프랑스와 비슷한 '망각의 권리(Diritto a l'Oblio)'가 있다. 이탈리아 정부의 정보 보호 기구인 개인정보보호국도 2004년에 '이탈리아 데이터 보호법(Italian Data Protection Code)' 제11조에서 개인정보가 그 처리 목적에 더 이상 유용하지 않을 때 삭제할 권리를 포함하고 있다고 인정했다.

또한 1995년 발표돼 유럽 정보 보호 법규의 기준이 된 '데이터 보호 디렉티브(디렉티브95)'에서 잊혀질 권리의 맹아를 발견할 수 있다. '디렉티브95'는 잊혀질 권리라는 표현을 쓰지 않지만 정보 주체의 포괄적 권리와 기본권으로서의 정보보호권을 명시하고 있다. 디렉티브95는 정보 주체의 데이터에 대한 접근권을 규정한 제12조에서 정보처리자에 대한 정보 주체의 권리를 명확히 규정했다. 정보 주체는 정보처리자가 디렉티브95의 규정에 맞지 않게 데이터를 처리한 경우 적절하게 수정·삭제·차단할 수 있는 권리를 갖고 있다.

이러한 디렉티브95의 규정을 근거로 영국 이스트 앵글리아 대학 폴 버널(Paul Bernal) 교수는 잊혀질 권리가 새롭게 등장한 개념이 아니라 기존의 데이터 보호와 데이터 보유 최소화의 원칙에서 유래한 것이라고 본다.[3] 불완전하고 부정확한 정보에 대해 정보 주체가 수정·삭제를 요청할 수 있는 권리가 잊혀질 권리로 발전했다는 시각이다.

망각의 권리는 프랑스를 비롯해 독일, 스페인, 스위스 등 대륙법 계열의 형사 법률에 전과 기록 말소와 봉인의 형태로 반영돼 있다. 이것이 독일의 법률 시스템과 비슷한 한국의 형법과 형실효에 관한 법률에 영향을 끼쳤다. 두 가지 법에서는 잊혀질 권리나 망각의 권리라는 말을 쓰지 않지만, 형 집행 기간 만료와 일정 시간의 경과 등 조건이 충족되거나 사면된 경우 전과 기록을 봉인하거나 폐기하도록 하고 있다. 인터넷 상용화 이전에 만들어진 법률이지만 입법 목적은 잊혀질 권리와 밀접한 관련이 있다. 다만 한국어와 영어에서 피동형 단어 잊혀질 권리가 '제3

자에게 적용될 수 있는 권리인가'라는 문제를 제기하고 있다면, 프랑스어에서 망각의 권리는 '정보 주체의 포괄적 권리' 차원으로 이해할 수 있다는 게 차이다.

한국에서는 2007년 9월 11일 한국언론재단이 '묵은 기사 인터넷 유통과 언론 피해 구제 방안'을 주제로 개최한 토론회에서 잊혀질 권리가 처음 등장했다. 그 뒤 관련 보도가 이어졌고 2008년에 잊혀질 권리를 조명한 첫 논문이 나왔다. 2011년에는 영국 옥스퍼드 대학 인터넷연구소의 빅토어 마이어 쇤베르거(Victor Mayer-Schönberger) 교수의 《잊혀질 권리(Delete)》(구본권 옮김)가 번역 출판됐다. 인터넷 정책을 주관하는 방송통신위원회도 2012년 5월 잊혀질 권리의 입법 추진을 예고했으며, 2013년에는 저작권법과 정보통신망법 개정을 통해 잊혀질 권리를 도입하려는 국회 입법안이 발의됐다. 이후 잊혀질 권리를 고려한 언론중재위원회의 언론중재법 개정안이 만들어져 여러 차례 토론회를 통해 공론화됐다.

1. 유럽연합 사법재판소, 사건 번호 C-131/12 'Google Spain and Google'.
2. Conley, C., "The right to delete", *AAAI Spring Symposium Series*(2010), pp. 53~58. Bernal, P., "A right to delete?", *European Journal of Law and Technology 2(2)*(2011).
3. Bernal, P., "A right to delete?", *European Journal of Law and Technology 2(2)*(2011).

잊혀질 권리의 적용 대상

유럽연합 집행위원회는 2012년 데이터 보호 레귤레이션(안) 제17조를 통해 세계 최초로 잊혀질 권리의 입법을 추진했다. 레귤레이션(안) 제17조는 정보 주체가 정보처리자에게 개인정보 삭제를 요청할 권리와 개인정보의 추가적 확산 중단을 요청할 권리를 갖는다고 잊혀질 권리를 정의한다. 특히 정보 주체가 어렸을 때 만들어진 개인정보는 잊혀질 권리가 반드시 보장돼야 한다.

개인정보의 정의

잊혀질 권리가 성립하기 위해서는 4가지 조건이 필요하다. 첫째, 정보가 수집 또는 처리 목적에 더 이상 부합하지 않는 경우, 둘째, 정보 주체가 동의를 철회하거나 동의 기간이 만료됐을 경우 또는 정보를 처리할 법적 근거가 없는 경우, 셋째, 정보 주체가 레귤레이션 제19조에 의해 개인정보의 처리에 반대하는 경우, 넷째, 정보처리 절차가 다른 이유로 법규를 만족시키지 못하는 경우다.[4)]

이 법안에서 개인정보의 범위는 정보 주체와 관련한 모든 정보를 뜻하므로 잊혀질 권리의 적용 대상은 예외 영역을 제외하고 매우 포괄적이다.[5)] 레귤레이션 제17조 제3항은 정보처리자가 즉시 삭제할 필요가 없는, 즉 잊혀질 권리가 적용되지 않는 4가지 예외 영역을 밝혀놓았다. ①표현 자유의 영역 ②공중 보건 분야에서 공공의 이익과 관련된 영역 ③역사적·통계적·종교적 연구 목적 ④유럽연합이나 회원국에서 개인정보 보존이 필요한 법적 의무에 해당하는 경우이다.

잊혀질 권리를 구체화하기 위해서는 적용 대상이 되는 개인정보의 정의가 중요하다. 개인정보는 정보의 생성자와 존재 위치에 따라서 구분한다. 첫 번째는 정보 주체가 직접 관리하는 서버와 인터넷 도메인에 개인정보를 두는 경우이다. 이 경우에는 삭제하고자 하는 정보가 어떠한 형태로 존재하더라도 해당 정보를 손쉽게 삭제할 수 있고 서비스 자체를 차단할 수도 있다. 잊혀질 권리가 문제되지 않는다.

두 번째는 이용자가 인터넷 서비스 업체와 계약을 통해 자신의 개인정보를 제출하고 이용하는 경우다. 이용자가 서비스 계약을 동의하는 과정에서 자신의 개인정보를 제공하거나, 해당 서비스를 이용하면서 스스로 개인정보를 콘텐츠의 형태로 포스팅할 수 있다. 포털이 이용자들에게 제공하는 블로그, 소셜 네트워크, 인터넷 커뮤니티 같은 호스팅 서비스가 이에 해당한다. 기본적으로 정보 주체가 관리하는 영역이기 때문에 자신이 올린 내용 가운데 원하는 부분을 삭제하거나 수정할 수 있다. 하지만 콘텐츠가 이용자 한 사람에 의해서가 아니라 여러 사람에 의해 공동으로 만들어진 경우, 1인 콘텐츠가 다른 사람들의 활동과 연계돼 있는 경우는 복잡해진다. 삭제를 요청할 시 공통 기준이 없기 때문이다. 서비스 업체의 정책에 따라 다르다.

세 번째는 정보 주체가 올린 정보나 글을 제3자가 복사해서 자신의 계정에 게시한 경우다. 또는 이것을 인터넷에서 링크한 페이지나 검색 결과이다. 이에 대한 공통 기준도 없다. 유럽연합 레귤레이션(안)은 저자의 동의 없이 콘텐츠를 무단으로 이용한 것으로 간주해 제3자와 이를 호스팅하는 업체에 삭제를 요구할 수 있다고 본다.[6] 레귤레이션(안)은 정보 주체로부터 삭제 요청을 받은 개인정보처리자는 공개에 책임이 있는 경우 모든 합리적 조처를 동원해서 해당 정보를 복사·링크한 제3자에게 삭제 요구가 있었음을 알리도록 의무화하고 있다. 그러나 구글의 논리는 다르다. 호스팅 업체는 이용자가 자신의 계정에서 직접 올린 콘텐츠에 대해서는 삭제를 요청할 수 있지만, 이를 복사해 또 다른 영역에서 서비스하는 경우에는 삭제를 적용할 수 없다고 주장한다. 또한 동의받지 않은 제3자의 정보 복사 행위가 '개인적 용도(household use)'로 인정될 경우 해당 정보를 생산한 정보 주체가 삭제·저작권·명예훼손 요청을 못할 수도 있다.

네 번째는 제3자가 나에 관한 글을 인터넷에 올린 경우다. 유럽연합 레귤레이션(안)은 개인정보를 개인에 관한 모든 정보로 규정하기 때문에 이 경우도 잊혀질 권리를 주장할 수 있다. 하지만 언급된 사람이 삭제권 등을 요청할 수 있다는 주장으로 이어질 수 있기 때문에 표현의 자유를 중시하는 입장에서는 받아들이기 어렵다. 그래서 일부 국가에서는 명예훼손법과 개인정보보호법의 프라이버시 권리 차원에서 특정한 조건을 만족시키는 경우에만 삭제를 요청할 수 있는 권리를 인정해왔다.

잊혀질 권리의 적용 대상을 어떻게 규정할 것인가에 있어서 또 하나의 변수는 기술적 방법이다. 구글은 2012년 2월 자사의 공식 블로그를 통해 잊혀질 권리의 대상과 범위에 대한 견해를 밝혔다. 구글은 자사의 서비스 플랫폼 안에서 이용자가 직접 작성한 콘텐츠와 스스로 제출한 개인정보에 대해서만 동의·철회할 수 있도록 하고 삭제할 권리를 인정했다. 구글은 기술적 차원에서 이 방법만이 호스팅 업체로서 처리 가능하다고 보기 때문이라고 설명했다. 인터넷은 특정 국가의 규제와 법에 구애받지 않고 글로벌하게 서비스를 이용할 수 있는 것이 특징이다. 작성자가 누구인지 모르는 상태의 콘텐츠가 제3국에 있는 서버에 올라 있어도 전 세계 사람들이 이용하는 데 제약이 없다.

유럽연합의 산하 기관으로 역내 사이버 보안에 관한 업무를 수행·지원하는 유럽네트워크정보보안국(European Network and Information Security Agency, ENISA)도 잊혀질 권리의 실행과 관련해서 기술적 문제를 지적했다. ①개인이 보관돼 있는 개인정보에 접근해 식별하도록 허용하는 문제 ②복제본을 모두 추적하는 일 ③개인이 데이터 삭제 요청을 할 권리가 있는지를 결정하는 문제 ④권리자가 해당 데이터와 복제된 데이터가 실제로 삭제되는지에 대한 확인이다.

ENISA는 인터넷의 속성인 개방성이 잊혀질 권리에 대한 기본적 한계로 작용한다고 지적했다. 인터넷에서는 누구나 익명으로 접근할 수 있으며 데이터는 디지털 형태로 복제돼 제3자가 관리하는 임의의 공간에 저장될 수 있다. 복제된 수량이 얼마일지도 알 수 없다. 따라서 잊혀질 권리를 보건 산업이나 의료정보 시스템 등 제한적 네트워크에는 적용할 수 있지만, 개방된 공공 인터넷에서는 적용이 기술적으로 불가능하다고 지적했다. ENISA는 잊혀질 권리가 이론 차원에서는 적합하고 합리적이지만, 기술적 관점에서는 실행하기 어렵다고 봤다.

고지와 동의 모델

잊혀질 권리의 대상을 특정하는 데 있어서 우선 적용 대상이 되는, '정보 주체가 스스로 제출한 개인정보'에 있어서 '동의'는 핵심 개념이다. 유럽연합의 레귤레이션(안) 제17조 1항의 (b)에서 서술하고 있는 잊혀질 권리는 기본적으로 '정보 주체가 정보처리자에게 제출한 개인정보 처리'에 대한 '동의 철회'이기 때문이다. 잊혀질 권리의 대상은 유럽연합의 개인정보 정의에 따라 자신에 관한 모든 정보로까지 확대될 수 있다. 하지만 잊혀질 권리를 찬성하거나 반대하는 쪽 모두가 동의하는 최소한의 영역이자 출발점은 '정보 주체가 스스로 제출한 개인정보'이다.

이처럼 잊혀질 권리를 '자발적으로 제출한 개인정보에 대한 동의 철회'로 보는 관점은 개인정보 제공과 처리를 일종의 재산권적 계약으로 간주하는 것이다. 보통법은 물질적 재산권의 보호를 넘어서서 감정의 손상이라는 비물질적 손해까지 보호하려는 쪽으로 발달했으며, 이는 프라이버시에도 적용됐다. 그리고 재산권은 물질 자산에 대한 소유에서 지적 재산권과 같은 무형의 가치로 확대됐으며, 개인정보에도 재산권적 시각을 적용하려는 시도가 이어졌다. 개인정보 역시 개인에게 귀속된 가치로서 소유자인 정보 주체가 계약에 따라 처리할 수 있다는 논리다. 실제로 대부분의 국가에서는 개인정보 통제를 동의에 기반해서 한다. 자유민주주의 사회에서 프라이버시는 개인들에게 '동의-비동의'할 수 있는 권한을 주는 것으로 충분히 보호할 수 있다고 간주한다. 이러한 계약 모델의 주된 장점은 개인정보 제공 여부를 정보 주체의 의지와 결정에 맡김으로써 표현의 자유를 침해하지 않는다는 것이다. 또한 프라이버시 공개가 계약에 따라 동의받은 목적에 대해서만 이뤄졌는지를 판단하면 되므로 법원이 명확한 결정을 내리는 데 도움을 준다.

고지와 동의 모델을 받아들이기 위해서는 두 가지를 전제해야 한다. 첫째, 프라이버시권을 개인정보 자기결정권으로 보고 개인들에게 선택을 허용하는 것이다. 둘째, 고지와 동의 모델은 자유시장경제의 경쟁 패러다임과 병립이 가능하다는 것이다.

하지만 이 모델에는 결함이 있다. 고지와 동의 모델은 '정보 제공과 선택(Informed Choice)' 모델로도 불리는 투명성에 기반한 선택이다. 뉴욕 대학 정보법연구소(Information Law Institute) 소장으로 프라이버시 전문가인 헬렌 니센바움(Helen Nissenbaum) 교수는 개인정보 제공 동의 과정에서 '투명성의 역설(Paradox of Transparence)'이 존재한다고 지적했다.[7] 프라이버시 동의 과정에서 투명성을 강화하기 위해 약관상의 조건과 단계, 예외 등을 상세히 설명할수록 내용은 복잡해지고 분량은 많아진다. 그 결과 일반인들은 이해하기 어려운 프라이버시 안내를 읽지 않고 외면한다는 게 투명성의 역설이다. 실제 인터넷 서비스 계약 과정에서 이용자들은 대부분 복잡한 약관을 읽지 않고 동의한다. 이미 서비스를 이용할 뜻이 있기 때문에 대개의 경우 약관 내용과 무관하게 기계적으로 동의한다. 약관에 동의하지 않으면 서비스가 제공되지 않기 때문에 선택의 여지도 없다. 따라서 이 모델은 개념적으로는 타당할 수 있어도 현실에서는 선택의 환상을 제공할 뿐인 부적합한 모델이라고 비판받는다.

고지와 동의 모델은 유럽의 전통적인 관점과 결정적인 차이를 보인다. 19세기 프랑스 법원이 프라이버시와 관련해 내린 판결에 따르면 개인의 프라이버시와 명예는 거래할 수 있는 시장의 상품이 아니다. 인간의 존엄함과 위엄의 핵심인 프라이버시는 다른 재산과 다르게 대우해야 한다. 프랑스에서는 일시적으로 계약을 통해 자신의 프라이버시를 판매했더라도 이를 무효화하거나 철회할 수 있어야 한다는 권리 개념이 진즉에 만들어졌다. 19세기 중반 프랑스에서 활동한 작가 알렉상드르 뒤마(Alexandre Dumas)가 사진가에게 정부(情婦)의 누드 사진을 출판하도록 동의했다가 철회를 요청한 소송이 대표적이다. 당시 프랑스에서 재산권은 오늘날처럼 신성한 것으로 간주됐지만, 파리 항소 법원은 정당한 계약을 통해 획득한 사진가의 재산권보다 뒤마의 프라이버시 권리를 더 중요하게 여겼다. 예일 대학 비교법 교수인 제임스 휘트먼(James Whitman)은 프랑스의 프라이버시법을 누드모델과 관련한 파리 예술계 문화의 산물로 본다. 이런 사례가 늘어나면서 프라이버시는 개인이 자신의 이미지를 형성할 수 있는 권리로 이어졌다.

한편 유럽연합의 데이터 보호 디렉티브는 이용자가 항상 자신의 개인정보 동의를 철회할 수 있도록 해야 한다고 강조하지만, 인터넷에는 소급 적용되지 않기 때문에 잊혀질 권리가 법적으로 요청을 받는다.

4. 유럽연합 데이터 보호 레귤레이션(안) 제17조 1항.
5. 유럽연합 데이터 보호 레귤레이션(안) 제4조.
6. 유럽연합 데이터 보호 레귤레이션(안) 제17조 2항.
7. Nissenbaum, H., *Privacy in context*, (CA : Stanford University Press, 2009).

개인정보란 무엇인가

개인정보(personal data)는 프라이버시 관련 법률과 이론의 핵심 개념이다. 한국의 개인정보보호법을 비롯해 온라인에서 잊혀질 권리와 개인정보 삭제요청권의 대상이다. 하지만 개인정보에는 통용되는 단일한 정의가 없다. 연구자들과 사법 권역별로 서로 다른 개념화는 개인정보 이론과 법률체계를 복잡하게 만드는 주된 원인이다. 거주 국가나 사회 등 제한적 영역 안에서 다뤄지던 전통사회와 달리 정보통신기술의 발달로 국가의 사법 관할권을 넘어 개인정보가 사용되곤 한다. 개인정보가 디지털 경제의 화폐로 여겨지고 갈수록 사용 범위가 넓어지는 데 반해 개인정보와 관련한 정의와 법률은 나라마다 달라 글로벌한 디지털

경제에서 큰 장애가 되고 있다.

개인식별정보

유럽 각국의 법률은 식별성을 개인정보의 기본 특성으로 본다. 독일 법은 개인을 다른 사람이 아닌 그 사람에게 속한 데이터가 명확할 때 식별된다고 보며, 영국 법은 그에게 접근할 수 있거나 다른 집단으로부터 그를 지목해 인식하기에 충분한 정보를 줄 때 식별된다고 본다. 유럽연합의 데이터 보호 디렉티브에서는 식별 가능한 개인을 개인식별번호나 그의 물리적·생리적·정신적·경제적·문화적·사회적 신원에 고유한 1개 이상의 요소를 언급함으로써 직접적으로 또는 간접적으로 식별될 수 있는 사람이라고 정의한다.

개인정보는 개인에 대해 '식별된(identified)' 정보와 '식별될 수 있는(identifiable)' 정보로 나뉜다. 개인식별정보(Personally Identified Information, PII)로도 불리는 개인정보는 프라이버시 관련 법률에서 법적 결정 요소로 기능하기 때문에 모든 프라이버시 규제와 법률에서 기본이 된다. 개인식별정보가 있으면 프라이버시법이 적용되고, 없으면 적용되지 않는다. 하지만 개인식별정보의 정의에 대해서는 국가 간 합의가 이루어지지 않았다. 대표적으로 미국과 유럽이 다르게 접근하고 있다.

미국과 유럽의 개인정보 관련 법률체계는 개인식별정보에 대한 정의에서부터 다르다. 미국에는 개인정보에 관한 단일 정의가 없다. 프라이버시 규제가 적용되는 개인식별정보는 해당 정보가 신원이 확인된 개인에게 실제로 연계되는지에 따라 판가름한다. 대조적으로 유럽연합은 1995년의 데이터 보호 디렉티브, 2012년의 데이터 보호 레귤레이션(안) 등 역내 국가에 적용되는 입법 지침과 법률에서 개인식별정보를 단일한 개념으로 정의한다. 디렉티브는 식별된 또는 식별 가능한 개인과 관련한 모든 정보에 적용돼야 한다고 개인정보의 범위를 밝혀놓았다. 레귤레이션(안)은 디렉티브를 계승해서 개인정보를 '정보 주체에 관련한 모든 정보'로 정의하고 있다.

미국의 개인정보와 프라이버시 관련 규제는 유해성 여부에 기반하고 있다. 유럽이 법적 근거가 없으면 개인정보처리를 허가하지 않는 것에 비해, 미국은 법적 침해를 일으키지 않으면 개인정보처리를 허용한다. 또한 미국에서는 유해 가능성을 염두에 둔 '개인 식별이 가능한' 정보를 규제 대상 개인정보에 포함하지 않는다. 미국 법률은 '식별된' 정보만 프라이버시 법으로 보호하려고 한다. 미국에서는 전화번호부의 이름과 주소처럼 개인을 식별할 수 있는 정보를 공개된 정보로 간주하고, 일단 공개된 정보는 더 이상 사적인 정보로 되돌아갈 수 없다고 본다.

그렇다면 한국은 어떨까? 한국의 개인정보 정의와 프라이버시 법체계는 유럽연합과 비슷하다. 개인정보를 프라이버시권에서 '개인을 식별할 수 있는' 정보의 형태로 발현된 것으로 본다. 따라서 취급과 관리가 가능하다. 프라이버시가 사적 영역을 지칭하는 용어로서 '정보 주체가 자신의 개인정보 보호를 위해서 지켜야 할 권리'라는 측면이 강조되는 것에 비해, 개인정보는 '부적절한 수집과 저장·이용 등으로부터 보호돼야 할 대상'으로서 객체적 성격을 띤다. 개인정보보호법에서 개인정보를 관리와 보호, 삭제 대상으로 서술하는 까닭도 이러한 객체적 특성 때문이다.

한국의 개인정보보호법은 개인정보를 '살아 있는 개인에 관한 정보'로서 그 '개인을 알아볼 수 있는 정보(해당 정보만으로는 특정 개인을 알아볼 수 없더라도 다른 정보와 쉽게 결합해 알아볼 수 있는 것을 포함한다)'로 규정하고 있다. 그러나 개인정보 규정이 지나치게 포괄적이라는 지적도 있다. 해당 개인에 관한 서술적 표현이 모두 개인정보가 돼버려 개인정보처리자는 특정 개인에 관한 사실을 서술할 때 당사자의 동의를 받아야 하는 불합리한 상황에 빠질 수 있기 때문이다. 표현의 자유를 근본적으로 침해할 수도 있다. 이는 개인에 관한 정보를 모두 개인정보로 해석할 경우 정보 주체가 자신에 관한 모든 정보에 대해 통제권을 행사할 수 있다는 데서 오는 맹점이다. 또한 개인정보에 '다른 정보와 쉽게 결합해 알아볼 수 있는' 정보도 포함한 것에 대해서 디지털 환경에서는 대부분의 정보가 다른 정보와 쉽게 결합해 개인을 식별할 수 있다는 지적도 있다.

OECD의 데이터 보호 가이드라인과 유럽연합의 데이터 보호 디렉티브도 한국과 동일하게 개인정보를 '식별 가능한 개인에 관한 모든 정보'로 정의하고 있다. 하지만 예외 규정을 통해 개인정보의 범위를 명확히 하고 있다. OECD 가이드라인은 본문 제1조에서 '이 가이드라인은 처리 방식 또는 그 성격이나 사용의 맥락 때문에 프라이버시 및 개인의 자유에 위협을 가하는 개인정보에 적용된다'라고 명시하고 있다. 또 제3조는 '프라이버시와 개인의 자유에 위협을 가하지 않음이 명백한 개인정보를 이 가이드라인의 적용에서 배제할 수 있다'라고 밝힌다. 1995년 유럽연합 디렉티브의 규정이 2012년 레귤레이션(안)으로 제안되면서 '개인을 식별할 수 있는' 정보 개념에 변화가 생겼다. 레귤레이션(안)은 디렉티브의 '식별할 수 있는' 개념 대신에 '간접적으로 식별'되는 개념을 중시한다. 정보화 시대에는 직접적으로 개인을 식별할 수 있는 정보가 아니어도 간접 정보를 취합해 개인을 식별할 수 있는 프로파일링(profiling)이 가능하기 때문이다.

한국의 개인정보보호법에서도 공표된 사실이나 익명화된 정보 등 사생활을 침해하지 않을 것으로 간주되는 개인정보에 대한 예외 조항의 필요성이 지적됐다.[8] 현재 민감 정보가 별도로 구분돼 있는 것처럼 프라이버시를 침해하지 않는 개인정보의 특성과 영역을 구별할 필요가 있다는 주장이다.

프라이버시는 시대와 사회, 기술 수준에 따라 달라지고 문화마다 상대적인 속성을 지니기 때문에 일률적 정의가 어렵다. 마찬가지로 프라이버시 침해에 대한 판단과 대안도 일반화하기 어렵다. 왜냐하면 프라이버시 침해로 인한 피해의 대부분은 침해가 일어난 뒤에야 비로소 선명해지며 원상회복이 매우 어렵기 때문이다. 또 정보사회에서는 새로운 기술의 등장으로 생겨날 프라이버시 침해 유형을 예측하는 것이 사실상 불가능하기 때문이다. 따라서 프라이버시 침해에 대한 조처는 사후적일 수밖에 없으며, 개념과 접근 방법은 포괄적일 수밖에 없다.

유럽연합이 개인이 식별된 정보만이 아니라 간접적으로 식별될 수 있는 개인에 대해 언급하는 정보도 모두 개인정보로 규정하고 둘을 동일하게 간주하는 것에는 장점과 단점이 있다. 장점은 개인정보의 범위를 광범하게 만들어 적극적이고 폭넓게 프라이버시를 보호할 수 있다는 것이다. 아직은 나타나지 않은 미래의 기술 변화와 정보처리사업자들의 다양한 이용에 대비해 개인정보를 보호할 수 있는 도구가 된다. 단점은 이렇게 폭넓게 개인정보를 규정할 경우 어떠한 정보도 유럽연합의 프라이버시 규제를 벗어나기 어렵다.

미국 워싱턴 대학의 프라이버시 전문가 대니얼 솔로브(Daniel Solove)는 미국과 유럽연합의 서로 다른 정의를 절충하기 위해 양쪽으로부터 일부분을 가져와 이를 '개인식별정보 2.0(PII 2.0)'으로 제시한다. 유해성에 기반한 미국의 개인정보 규정이 지나치게 협소해 광범한 프라이버시 침해를 일으키는 한계를 인정하고 간접적으로 식별될 수 있는 범위까지 개인정보로 포함시킨 유럽연합의 포괄적 정의를 받아들여 절충점을 찾는 방식이다.

그는 '공정한 정보 실행(Fair Information Practice)' 원칙을 내세우고 개인정보에 데이터 보안, 투명성, 데이터 품질이라는 세 가지 기준을 적용할 것을 제안한다. 유럽연합의 포괄적인 개인정보 규정에 따르면, 개인이 식별된 정보와 식별될 수 있는 정보 사이에 규제 차이가 없다. 그래서 사업자들이 정보를 굳이 개인이 식별될 수 있는 형태로 저장할 까닭이 없다. 이미 식별된 정보 상태로 보유하면 그만이다. 물론 레귤레이션(안) 제10조에서는 정보 주체의 동의 없이 정보처리사업자가 식별 가능한 개인정보를 이용해 자연인을 식별하려는 시도를 해서는 안 된다고 규정함으로써, 부분적으로는 식별된 정보와 식별 가능한 정보를 구분하고 있다. 하지만 솔로브는 이 조항이 불완전하고 모호하다며 PII 2.0의 기준을 적용해 정보를 식별된 형태가 아닌 식별 가능한 형태로 보관함으로써 잠재적 유해성을 낮춰야 한다고 제안한다.

정보와 스토리

잊혀질 권리에서 정보(data)와 스토리(story)를 구분하는 것도 중요하다. 데이터는 단편적이고 파편적인 정보를 비롯해 프라이버시와 민감 정보에 해당하는 개인정보 등 그 형태가 다양하다. 스토리는 하나가 아닌 여러 개의 정보로 구성돼 있지만 데이터와 본질적으로 다르다. 스토리는 단순한 정보 더미가 아니라 일련의 정보가 작성자 또는 발화자에 의해 의도적으로 만들어진다. 또한 스토리는 공표되는 특성이 있다. 스토리가 표현의 자유와 밀접한 관련을 맺는 까닭이다.

해킹이나 침해 사고로 개인정보가 유출될 경우 삭제 대상 데이터가 된다. 데이터 삭제는 컴퓨터 저장 공간에서 또는 인덱싱이나 검색 결과 화면에서 제거하는 물리적 작업이다. 이에 비해 스토리는 의도를 지닌 표현 행위의 결과물이기 때문에 작성자나 발화자의 개입 또는 사용되는 맥락과 배경이 중요하다. 단순히 '하드디스크에서의 삭제'와 같은 물리적 작업으로 치환될 수 없다. 스토리는 단순 정보의 생성이나 집적을 넘어서는 의미의 표현으로, 기계적 메커니즘이 아니라 인간의 의식 현상과 깊은 관련을 지닌다. 단순화하면 데이터는 컴퓨터에서 스토리는 인간 두뇌에서 일어나는 활동이다.

문제가 될 경우 데이터는 삭제되기를 요청하고 스토리는 잊히기를 요청한다. 이런 특성으로 인해 기본적으로 '잊혀질 권리'

는 스토리와 관련이 있고, '삭제할 권리'는 데이터와 관련이 있다.

8. 박경신, "사생활의 비밀의 절차적 보호 규범으로서의 개인정보 보호 법리", 〈공법연구〉 40집 1호(2011), 129~162쪽.

프라이버시는 기본권인가

프라이버시는 사생활에 관련한 권리를 통칭하는 개념이지만 명확한 개념화가 어렵다. 유럽연합 데이터 보호 디렉티브의 목표는 프라이버시권 보호다. 여기서 프라이버시권의 적용 대상은 자동화된 시스템과 자동화돼 있지 않아도 구조화된 파일링 시스템이다.

미국에서 프라이버시권은 헌법에 규정돼 있지 않고 개별 법률들에 의해서 보호된다. 애초부터 미국의 보통법은 프라이버시권을 인정하지 않았다. 그러나 1890년 미국의 법률가 새뮤얼 워렌(Samuel Warren)과 루이스 브랜다이스(Louis Brandeis)가 〈프라이버시 권리(The Right to Privacy)〉라는 논문에서 보통법의 원리로부터 프라이버시 권리를 도출했다. 단순히 물질적 재산권의 보호를 넘어서 감정적·도덕적 손상 같은 비물질적 손해까지 보호하는 방향으로 진화해야 한다는 게 이들의 주장이다. 이후 프라이버시는 '홀로 있을 권리(right to be let alone)'라는 구체적 개념으로 정립되기 시작했다. 홀로 있을 권리는 1888년 미국의 토머스 쿨리(Thomas Cooley) 판사가 제시한 것으로 인간의 신체에 대한 권리의 불가침성을 뜻한다.

〈프라이버시 권리〉는 미국 법학사에서 가장 많이 인용된 논문이다. 이전까지 민사적 불법 행위에 적용되던 신체나 재산에 대한 훼손과 명예훼손, 저작권 침해, 저작권 위반 들 없이 프라이버시 침해라는 새로운 유형의 불법 행위를 개념화했다. 〈프라이버시 권리〉에서는 프라이버시 침해 구제 수단으로 손해배상과 금지 가처분을 제시한다.

프라이버시를 재산권으로 보는 관점과 인간 존엄성의 조건으로 보는 관점 사이에는 커다란 간극이 존재한다. 유럽은 프라이버시를 인간 존엄성의 토대가 되는 자신에 대한 이미지 형성과 자기정보결정권으로 보는 관점에 선다. 즉 정보 주체의 통제권을 강조한다. 독일 헌법재판소는 1983년 인구센서스 관련 결정에서 "개인정보 자기결정권이라는 기본권은 개인으로 하여금 그의 개인적 정보의 이용과 공개를 원칙적으로 결정할 수 있는 능력을 보장하는 것"이라고 밝혔다.

미국연방대법원은 1965년 피임약 사용을 금지한 코네티컷

주 법률에 대해 프라이버시권 침해를 이유로 위헌 판결을 내렸다. 또 1973년에는 여성의 낙태를 일률적으로 금지하는 법률에 위헌 판결을 내리며 여성의 프라이버시가 헌법상의 기본적 권리라고 판시했다. 프라이버시 권리를 피임이나 낙태와 같은 개인 영역의 문제에 대해 선택하고 통제할 수 있는 자기결정권으로 본 것이다.

한국은 헌법에서 프라이버시권에 해당하는 사생활의 비밀과 자유를 보장하고 있다. 헌법 제17조는 '모든 국민은 사생활의 비밀과 자유를 침해받지 아니한다'라고 규정한다. 대법원은 1998년 개인의 사생활이 타인으로부터 침해당하거나 공개되지 않을 소극적 권리와 함께, 자신에 대한 정보를 자율적으로 통제할 수 있는 적극적 권리까지 보장하려는 데 헌법 제17조의 취지가 있다고 판시했다.[9]

한국의 개인정보보호법에서 규정한 개인정보 침해는 유럽연합이 정의한 프라이버시 침해에 비해 포괄적이다. 개인정보보호법은 제1조에서 '사생활의 비밀' 보호가 입법 목적임을 밝히나 프라이버시 권리를 따로 다루지는 않는다. 한국에서 프라이버시는 사생활의 비밀과 자유를 뜻하는 영어 표현이다. 즉, 프라이버시와 사생활의 비밀과 자유는 명확하게 구분되지 않는다. 따라서 개인정보보호법에서 사생활의 비밀은 OECD와 유럽연합의 개인정보보호법의 상위 규범인 프라이버시권과 실체적 차이가 없다고 볼 수 있다. 사생활의 비밀과 자유에 개인정보 자기결정권이 포함된 것이다. 한국에서는 개인정보 자기결정권이 헌법상 권리로 해석된다. 인간의 존엄성과 행복추구권 규정인 헌법 제10조와 사생활의 비밀과 자유를 보장한 헌법 제17조가 그 근거다.

프라이버시는 시대와 사회, 문화에 따라 정의가 다르다. 솔로브 교수는 다양한 프라이버시 규정을 살펴본 결과, 공통 사항을 찾기 어렵다며 '가족유사성'의 개념으로 침해 유형을 나눌 수밖에 없다고 주장한다. 프라이버시 침해로 주장되는 이익들이 실제로는 서로 직접적 관련이 없는 것들로서 프라이버시가 서로 다른 이해관계의 집합체일 뿐이라는 것이다. 하지만 프라이버시의 개념에 자신에 관한 정보 통제를 포함하는 것은 일반적인 경향이다.

또한 프라이버시가 기본권이라는 논리는 근거가 부족하다는 관점도 있다. 제임스 휘트먼은 문화권별로 프라이버시에 대한 개념이 다르기 때문에 이를 보편적 기본권으로 볼 수 없다고 말한다. 프라이버시가 기본권이 되려면 시대적·지리적 구분을 뛰어넘는 보편적인 요구가 있어야 하는데, 그 요구의 근거가 되는 보편적 피해를 찾을 수 없다는 것이다. 프라이버시를 강조하는 전형적인 논리는 직관에 호소하며, 프라이버시 침해에 따른 해악이 모두에게 공포스럽다는 측면을 근거로 삼을 뿐이다.

프라이버시가 기본권인가 하는 문제는 온라인에서 더욱 복잡해진다. 왜냐하면 시공간의 제약을 넘어선 인터넷 환경이 특정한 시공간에서 이루어져온 오프라인의 합의와 잠정적 해결을 지속할 수 없는 상태로 만들어버리기 때문이다. 또한 지리적 구분을 기반으로 이루어지는 행정적·사법적 집행력이 국경을 초월한 인터넷 환경에서는 정상적으로 작동하지 않기 때문이다. 따라서 이 문제는 프라이버시에 관한 일반적 기준과 규범 제시로 해결할 수 없고 개별 상황을 파악해야 한다는 관점으로 이어진다. 니센바움 교수는 인터넷 공간에 단일한 프라이버시 규범을 적용하거나 이를 위한 규범을 만들 수 있다는 견해에 반대한다.

인터넷의 확산 초기 단계에 사이버 공간은 기존의 규제가 미치지 않는, 글로벌 차원에서 단일 규범이 통용되는 새로운 영역으로 묘사됐다. 하지만 잭 골드스미스(Jack Goldsmith)와 팀 우(Tim Wu)는《인터넷 권력 전쟁》에서 이런 견해는 대부분 폐기됐다고 말한다. 인터넷이 대중화돼 현실적 영향력이 커지자 각국은 사이버 공간을 국토, 영공, 영해에 이은 제4의 영토로 규정하고, 이에 대한 통제와 관할 기능을 행사하려 하고 있다. 이는 중국과 북아프리카, 이슬람 국가들의 인터넷 통제 시도만이 아니라, 유럽연합의 데이터 보호 레귤레이션 개정안 추진과 한국의 개인정보보호법 제정 등에서 확인할 수 있다.

니센바움은 인터넷을 통해 매개된 온라인 활동이 오프라인과 분리된 별도의 맥락을 구성하지 않고 기존의 사회적 삶과 깊게 통합되기 때문에 상황(Context)에 대한 고유한 접근법이 필요하다고 지적한다. 정보의 흐름을 제한하는 온라인 프라이버시 정책 또한 정치경제적 접근이 아닌 콘텍스트(상황)에 기반해야 한다며 행위의 유사성이 아닌 기능과 목적의 유사성에서 접근할 것을 제안한다. 예를 들어, 책을 오프라인 서점에서 살 때와 온라인 서점에서 살 때를 생각해보자. 책을 산다는 주된 목적은 같지만 실제 행위 절차는 다르다. 오프라인 서점에서는 책을 한 권 집어 들고 돈을 지불한 뒤 책을 소유하지만, 온라인 서점에서는 웹사이트에 자신의 개인정보와 결제 정보를 입력하고 난 뒤 원하는 장소로 배송받는다. 그리고 온라인 서점에서는 구매 행위가 데이터로 기록돼 구매자의 향후 구매 패턴과 다른 구매자의 추천에도 영향을 끼친다. 이처럼 오프라인 서점에서는 책 한 권의 판매 이익이 중요한 반면, 온라인 서점에서는 구매 데이터와 패턴이라는 새로운 요소가 개입된다.

소극적 권리에서 적극적 권리로

프라이버시 개념이 시대에 따라 달라진다는 주장은 〈프라이버시 권리〉가 발표된 19세기 말과도 연관이 있다. 당시는 코닥의 롤필름이 등장해 사진 촬영이 크게 편리해지고 대중화됐다. 대중 신문의 급속한 성장에 따라 사생활을 침해하는 가십 기사와 사진이 페니페이퍼에 경쟁적으로 실렸다. 워렌과 브랜다이스가 제시한 프라이버시 개념은 이처럼 신기술에 의해 개인의 사적 공간이 침해당하는 상황에서 만들어진 개념이다. 이는 인터넷과 디지털 환경에서는 아날로그 시절과 다른 새로운 프라이버시 개념이 필요할 수 있다는 뜻이다.

1960년대 후반부터 컴퓨터로 인해 방대한 양의 개인정보가 파일 형태로 활용되기 시작했다. 이에 따라 언론 보도에 의해서만이 아니라 데이터베이스 유출, 컴퓨터 해킹 등 과거와 다른 방법에 의해서 프라이버시가 침해될 수 있다는 인식이 생겨났다. 자연스레 기존의 재산권·공간 기반의 프라이버시권을 개인정보에 대한 정보 주체의 통제권으로 봐야 한다는 논리가 나왔다. 사적 영역에 대한 부당한 침입을 막기 위한 소극적 개념의 프라이버시권에서 개인정보 주체가 자신의 정보에 대해 통제하고 결정할 수 있는 적극적 차원의 권리 개념이 만들어지게 된 것이다.

캐나다 오타와 대학의 프라이버시 전문가인 캐런 엘티스(Karen Eltis) 교수는 워렌과 브랜다이스의 개념에 뿌리를 두고 있는 공간 기반의 재산권적 프라이버시 개념을 낡았다고 지적한다. 데이터가 국경을 넘어 글로벌하게 유통되는 환경에서는 효용성이 사라진 개념이라는 것이다. 엘티스는 "현재의 주요한 프라이버시 위협은 정보 주체가 자기 정체성 형성 과정에서 통제권을 잃어버려 자율성을 상실하는 것"이라고 말한다. 이는 디지털 환경에서 개인이 능동적으로 자신의 인격을 형성하려면 프라이버시 개념이 개인정보 자기결정권으로 확대돼야 한다는 관점이다.

인터넷이 공유와 연대의 무료 네트워크에서 산업적·상업적 플랫폼이 된 지 오래다. 이제 프라이버시는 인터넷에서 기축통화로 쓰이고 있다. 프라이버시를 개인의 '홀로 있을 권리'를 넘어선 사회적 가치와 덕목으로 바라보는 관점도 등장했다. 프라이버시는 민주주의를 이루는 데 필요한 개인의 발달을 촉진하기 때문이다. 사회적 가치로서의 프라이버시 보호는 소년법, 형 이수 뒤 전과 기록 삭제 등 형의 실효, 파산법과 같은 개인이 과거의 부정적 기록에서 벗어나 새 출발을 할 수 있도록 하는 일련의 사회적 망각으로 이어졌다.

하지만 사회적 망각 시스템을 갖춘 기존의 프라이버시 보호 체계는 디지털과 온라인 환경에서 새로운 상황을 맞게 됐다. 인터넷에서는 개인정보를 제공하지 않고 생활하는 것이 대체로 불가능하다. 그리고 정보는 거의 사라지지 않는다. 그래서 온라인에서 프라이버시 피해는 일단 일어나면 광범하게 확산되고 지속된다. 프라이버시 보호에 네트워크 특성을 반영해 새로이 접근할 필요가 있다는 주장이 나타나는 이유다.

프라이버시와 관련한 문제를 서비스 제공자와 이용자 간 계약으로 보는 관점이 있다. 우리가 인터넷 서비스를 사용하거나 특정 사이트에 회원으로 가입할 때 동의를 거치는 것은 이러한 계약적 관점에 따른 절차이다. 프라이버시 침해 사고가 일어날 때 계약 내용에 따라서 책임을 따진다. 하지만 이런 관점으로 프라이버시 문제를 접근하는 방식에는 한계가 있다. 왜냐하면 교육을 많이 받고 프라이버시 관련 인식이 뛰어난 사람과 그렇지 않은 사람 사이의 격차가 크기 때문이다. 프라이버시 의식이 낮을수록 위험성을 알기 어렵고 자발적으로 정보를 제공하기 쉽다. 프라이버시를 사회적 가치로 본다는 것은 프라이버시 관련 지식이 깊지 않은 사람의 프라이버시도 보호해야 한다는 뜻이다.[10] 프라이버시 침해가 청소년이나 유명 연예인들에게서 자주 발생하는 것에서 이러한 계약적 관점의 한계를 확인할 수 있다. 프라이버시를 개인들의 자기결정에 맡겨둘 것이 아니라, 인지 수준이 낮은 이들을 고려해 사회적으로 프라이버시를 보호할 필요가 있다.

9. 대법원 1998. 7. 24 선고 96다42789 판결.
10. 우지숙, "정보통제권에서 식별되지 않을 권리로: 네트워크 프라이버시의 새로운 개념화를 위한 연구", 〈언론과 사회〉 13권 4호(2005), 110~145쪽.

유럽과 미국은 다르다

잊혀질 권리가 프라이버시 보호 측면에서 필요하다고 보는 유럽과 그렇지 않다고 보는 미국의 차이는 기본적으로 개인정보와 프라이버시에 대한 개념과 법률체계의 다름에서 비롯한다.

1995년 유럽연합의 데이터 보호 디렉티브는 개인을 '자신의 개인정보로부터 소외될 수 없는 보유자'로 정의하고 정보 주체의 자기정보 통제권을 명확히 했다. 이는 유럽 각국에서 법원 판결을 통해 확인됐다. 미국 조지타운 대학 법학 교수 프란츠 베로(Franz Werro)는 스위스에서 과거의 전과 기록을 보도한 신문에 기록 삭제를 요구한 원고가 승소한 판례를 거론하며, 유럽에서는 프라이버시가 특정한 상황에서 언론의 표현 자유보다 우선한다고 말했다. 독일과 스페인, 프랑스에서도 유사한 판례와 입법 시도가 있었다. 유럽에서 프라이버시권은 '집은 곧 그의 성채다'라는 영국 보통법의 사유재산 불가침권에서 나온 개념이다. 이처럼 사적 재산권과 물리적 공간 개념에서 출발했지만 프라이버시는 정보화 시대로 오면서 개인정보 자기결정권으로 개념과 권리 적용 범위가 확대됐다.

그러나 미국의 프라이버시권은 유럽처럼 개인정보 자기결정권과 표현의 자유 사이에서 균형을 찾기 위해 만들어지지 않았다. 오히려 대중매체의 프라이버시 침해 속에서 사적 영역을 구축하고자 하는 주마다의 개별적 시도에서 만들어졌다. 미국의 언론과 표현 자유를 보장하는 법률체계는 언론이 과거의 기록을 보도할 권리를 적극 보장한다. 이러한 관행은 인터넷에서도 적극 이루어지고 있다. 미국의 통신품위법(Communication Decency Act) 제230조는 콘텐츠를 중개하는 웹서비스 운영자를 단순한 배포자로 보아 콘텐츠의 내용에 대해 관리 책임을 묻지 않는 면책권을 부여했다.[11] 표현의 자유와 프라이버시가 대립하는 소송에서 표현의 자유를 중시하는 쪽으로 판결이 내려져왔고, 이는 판례로 굳어졌다.

그런데 1970년대 초에 캘리포니아 주에서 지금의 잊혀질 권리와 비슷한 판례가 나왔다. 캘리포니아 고등법원은 1971년에 11년 동안 문제를 일으키지 않고 평온하게 살아온 한 전과자의 숨은 과거를 폭로한 여러 잡지들에게 명예훼손을 인정하는 판결을 내렸다. 뒤이어 캘리포니아 대법원은 상고심에서 수정헌법 제1조의 보호를 받는 공적인 관심 영역과 그렇지 않은 과거의 범죄를 구별하고, 오래전에 발생한 범죄에서 범죄자의 실명을 지금 다시 공개하는 것은 거의 공익적 가치가 없다는 하급심의 판결을 다시 확인했다. 그러나 미국연방대법원이 1975년 공적인 관심사에서 합법적인 방법으로 얻은 진실한 정보는 불법으로 보지 않는다는 판결을 내림으로써 판례를 수정해야 했다. 조지아 주는 강간 피해자의 신원을 보도하지 못하도록 하고 있어, 1971년 성폭행을 당한 뒤 사망한 여고생 사건 보도에서 여고생의 신원이 알려지지 않았다. 그런데 한 방송사 기자가 재판 과정에서 피해자의 신원 정보가 담긴 서류를 입수해 보도하자 피해자의 부모가 방송사와 기자를 상대로 민사소송을 제기했다. 그러자 미국연방대법원은 언론이 피해자 신원을 재판 관련 공식 자료로부터 얻었을 경우에는 보도에 대한 책임을 물을 수 없다고 판결했다.

이렇게 유럽과 미국에서 프라이버시권에 대한 개념과 법률이 다른 까닭은 역사와 문화의 차이 때문이다. 유럽인들은 빌 클린턴-모니카 르윈스키 스캔들을 미국 신문이 중요하게 보도하고, 개인 신용정보에 사업자가 접근해 활용하는 관행 따위를 프라이버시 침해로 본다. 반면 미국인들은 공원에서 유럽 여성들이 가슴을 드러내거나, 출생 신고 시 자녀 이름의 적정성 여부를 정부에 묻는 관행 따위를 프라이버시 침해로 본다. 이처럼 사회

구성원들이 공유하는 직관은 어느 사회의 어떤 가치와 법률체계에 영향을 받았느냐에 따라 달라진다. 다시 말해 동일한 현상에 대한 직관이 어느 곳에 있느냐에 따라 달라지는 것이다. 휘트먼은 그 까닭을 자신이 속한 사회에서 지배적인 법적·사회적 가치에 의해 만들어진 '제도화된 직관'을 갖기 때문이라고 말한다.

개인의 자유는 인간 존엄성의 구성 요소인가

그러나 프라이버시권에 대한 유럽과 미국의 보다 본질적인 차이는 개인 자유를 인간 존엄성의 구성 요소로 보는가, 그렇지 않은가에서 생긴다. 미국의 프라이버시 정책은 중앙집권화한 권력에 대한 불신에 뿌리를 두고 있다. 하지만 유럽은 밖으로 드러나는 개인의 이미지 보호와 연관돼 있다.

유럽의 프라이버시 보호는 인격 존중과 개인적 존엄의 권리에 대한 보호가 특징이다. 바깥으로 어떻게 보이는지에 대해서 정보 주체인 자신이 관리하고 결정할 수 있는 권리를 말한다. 즉 자신의 이미지, 이름, 평판에 대한 권리이다. 독일에서는 이를 개인정보 자기결정권이라고 부른다.

유럽은 수 세기 동안의 민주주의 투쟁 과정에서 특권 계급의 권리가 점차 일반 시민으로 확대돼온 역사를 갖고 있다. 프랑스의 루이 14세 시절만 해도 왕족이나 귀족 등 높은 신분의 사람은 피고일 때도 법정에서 존중받을 권리가 있었다. 하지만 민주주의가 확대되면서 상류계급의 존엄함에 대한 권리가 일반 시민에게도 적용됐다. 프라이버시 권리도 마찬가지 과정을 거쳤다. 자신의 이미지를 사회에 어떻게 표현할 것인가는 애초 소수의 상류층이 누리던 권리였다. 공개 장소에서의 누드, 수감자 권리, 신용정보의 원칙적 비공개 같은 프라이버시 권리는 귀족들의 독점물이었다. 그러다 시민혁명 뒤 권리 입법 과정에서 일반 시민으로까지 넓어진 것이다.

프라이버시 권리는 '자신의 인격을 스스로 형성할 수 있다'라는 인격권에서 시작해 자기결정권으로 나아간다. 그리고 과거에 대한 타인들의 부정적 인식에 얽매여 자유로운 인격 형성이 방해받지 말아야 한다는 개념으로 이어진다. 따라서 자유로운 인격 형성을 저해하는 디지털 낙인과 관련한 잊혀질 권리 역시 유럽에서는 개인정보 자기결정권의 개념으로 받아들인다. 기본적으로 개인정보에 대한 통제권을 누가 가지느냐의 문제라는 것이다. 개인정보 통제권은 자신의 정체성을 스스로 통제할 수 있어야 한다는 권리로 자유로운 인격권에 필수다. 이는 디지털 시대의 인격권을 형성하는 핵심 권리이기도 하다. 그래서 유럽에서 잊혀질 권리는 추구할 목표로서의 가치를 지닌다.

엘티스는 유럽에서 잊혀질 권리 도입을 위한 접근법은 개인과 정보처리 사업자에게 불투명한 프라이버시 권리에 대해 의무를 부과한다는 점에서 유용하다고 지적했다. 이는 잊혀질 권리를 도입하는 것이 개인정보 보호뿐만 아니라 인터넷 사업자에게도 유리하다는 비비안 레딩의 주장과 비슷하다. 유럽연합의 데이터 보호 레귤레이션(안)이 시행되면 나라별로 서로 다른 규제가 일원화됨으로써 사업자는 중복 절차나 규제를 피할 수 있다. 또한 개인정보의 처리를 둘러싸고 불투명한 요인들이 정리됨으로써 안전하게 사업을 할 수 있어 사업 기회가 확장된다는 것이 레딩의 주장이다.

한편 미국에서는 가정을 절대적인 프라이버시 영역으로 여겨 국가권력의 침입으로부터 보호해야 할 대상으로 간주해왔다. 이는 '집은 곧 그의 성채다'라는 영국의 보통법 개념과, 시민들에 의해 자발적으로 국가를 건설한 그들만의 역사적 경험에 뿌리를 두고 있다. 미국인들에게는 영국의 지배를 받던 식민지 시민들이 독립운동에 나서면서 경찰, 조세 등 국가권력으로부터 개인 공간이 함부로 침입당하는 것을 최대한 막으려 한 투쟁 경험이 있다. 이러한 건국 배경과 사회적 전통이 프라이버시권에 반영돼 있는 것이다. 압수·수색으로부터 개인의 자유를 적극 보호하고 있는 미국의 수정헌법 제4조도 국가권력의 부당한 권력 행사 가능성에 대한 견제 장치로 이해할 수 있다.

11. 통신품위법 제230조. 통신품위법은 1996년 인터넷상의 음란 정보 등 불건전 정보로부터 청소년 보호를 위해 도입됐으나, 1997년 대법원이 위헌으로 판결했다.

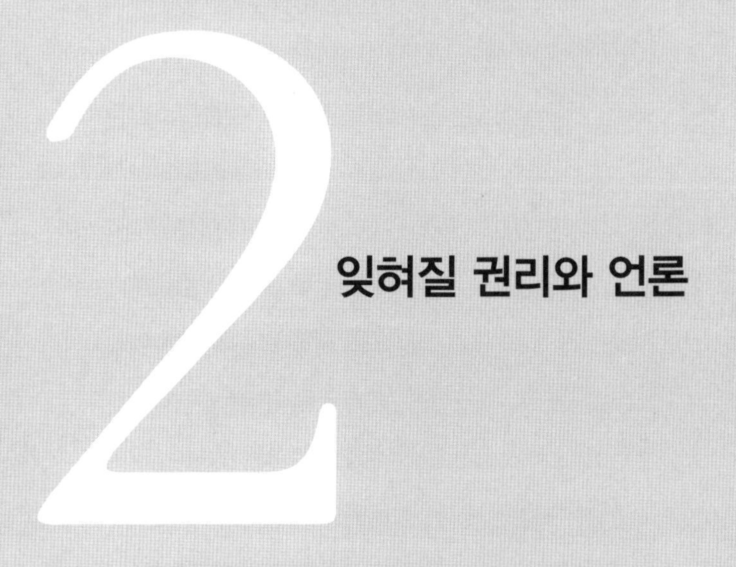

2 잊혀질 권리와 언론

잊혀질 권리를 언론에 적용할 수 있을까

오래전에 간통죄로 처벌받았던 일이 40여 년이 지난 뒤 다시 널리 유통되면서 관련자가 피해를 입는 일이 생겨나고 있다. 과거의 신문기사가 디지털 정보로 바뀌어 인터넷과 소셜네트워크서비스(SNS)를 통해 유포되면서 일어난 일이다. 이는 보호받아야 하는 언론의 기능인가, 프라이버시에 대한 언론의 부당한 권리 침해인가?

가수 A 씨 피소 간통 혐의로(〈경향신문〉 1975년 1월 ○○일 ○면)*

서울 서부서는 29일 모 건설회사 사장 부인 B 씨(47, 서울***************)와 74년도 모 방송국 신인가수상을 받은 가수 A 씨(본명

○○○, 21)를 간통 혐의로 구속했다. B 여인은 2남 2녀의 어머니로 지난 74년 5월부터 지난 27일 사이 10여 차례 자기보다 26살이나 나이가 적은 A 씨와 놀아났는데 돈이 많은 B 여인은 A 씨와 만날 때마다 80만~100만 원씩의 용돈을 주기도 했다는 것.

위 기사는 국내 대표적인 포털 서비스 네이버에서 가수 A 씨나 B 씨의 이름을 검색하면 나타나는 뉴스라이브러리의 검색 결과다. 위 인용문에서는 실명을 감추었지만, 뉴스라이브러리 서비스에서는 과거 발행 당시의 신문 지면 그대로 실명이 드러나 있는 검색 결과를 보여준다. 수십 년 전 신문기사가 검색 키워드 하나로 모두에게 접근 가능해진 편리한 세상이다. 하지만 이는 누군가에게 한때의 과오를 주홍글씨로 만드는 낙인이 된다.

이는 디지털화에 따른 새로운 형태의 언론 피해 사례로 현행 언론 피해 구제 제도와 법규로는 해결이 불가능하다. 수십 년 전에 보도된 묵은 기사들이 인터넷에서 손쉽게 검색·유통·재매개되면서 생겨난 피해 사례다. 이러한 묵은 기사의 인터넷 유통으로 생겨나는 부작용은 단지 언론의 문제가 아니다. 디지털화의 영향을 받는 정보 일반에 관한 문제다. 문제가 되는 정보는 주로 개인정보와 개인에 대한 권리 침해적 내용이 담긴 글과 기사다. 인터넷에서 지워지지 않는 개인정보 관련 기록들 때문에 여러 유형의 피해가 늘어나고 있지만 해법이 거의 없는 상태다. 그렇다고 유럽연합의 잊혀질 권리 판례와 입법 시도를 국내에 그대로 가져와 적용하기도 어렵다. 유럽에서 잊혀질 권리는 기본적으로 언론을 적용 예외로 규정하기 때문이다.[1] 당연히 언론의 보도 행위나 묵은 기사에 대한 논의는 유럽에서 거의 이뤄지지 않았다.

한국은 유럽과 다르다. 우선, 한국에서는 잊혀질 권리가 인터넷 환경에서의 새로운 권리 개념으로 구체화되지 않았다. 또한 글이나 언론 보도를 인터넷에서 쉽게 삭제할 수 있다. 아직 잊혀질 권리와 기사 삭제에 대한 명확한 법적 근거가 마련되지 않았는데도 기사가 삭제되고 있다. 언론중재위원회를 통한 공식적인 중재와 조정 절차 없이 포털 및 개별 언론사의 인터넷 서비스에서 기사가 삭제되고 있는 것이다. 언론중재위원회는 언론 피해에 대해 공식적인 구제 청구 절차를 두고 있으나 디지털화에 따라 새롭게 생겨난 묵은 기사에 대한 피해 구제 방안은 없는 상태다. 2016년 현재 언론중재위원회는 언론중재법 개정안을 마련해 피해 구제 방안을 모색하고 있다.

그러나 언론 중재 제도와 절차에 잊혀질 권리를 적용하는 것은 언론의 기능과 지위 차원에서 부작용을 낳을 수 있다는 우려가 있다. 보도 당시 문제가 없는 기사를 시간이 흐른 뒤 관련자의 피해 주장을 이유로 삭제할 수 있는 법적 근거를 마련하는 것은 언론 자유 침해와 언론 행위의 위축으로 이어질 수 있기 때문이다.

정보화사회에서 잊혀질 권리가 생겨나게 된 배경을 과거의 틀로는 이해하기 어렵다. 새로운 차원의 프라이버시 피해이기 때문에, 이를 구체적 권리로 검토하는 과정은 디지털 환경에서 기존 프라이버시 개념의 한계를 살피고 새 지평을 찾는 논의이다. 표현 자유와 알 권리 등 언론의 존립 근거가 되는 권리가 개인의 프라이버시권과 충돌하는 상황에 대한 탐구를 통해 디지털 환경에서 언론의 보도 관행과 기능에 변화가 생겨날 수 있는지를 살피는 논의다.

* 이 기사는 네이버의 뉴스라이브러리, 각 언론사와 언론진흥재단의 뉴스 검색 사이트에 최초에 신문이 발행된 상태의 지면으로 개인정보가 노출돼 서비스되고 있다. 책에서는 기사에 노출된 이름을 비실명화했다.

1. 정보의 디지털화로 언론 보도는 두 가지 새로운 특성을 지니게 됐다. 하나는 언론 보도 역시 정보의 한 형태로서 예외 없이 디지털화의 영향을 받는다는 점이다. 다른 하나는 언론이 지닌 특수한 기능과 지위 때문에 기사는 예외적 정보로 취급받는다는 점이다.

디지털,
정보 생산 방식을 바꾸다

디지털 정보 혁명으로 정보의 생산과 전달, 보존 방법이 달라졌다. 디지털화는 기본 구성단위가 정보로 돼 있는 문서 일반에 영향을 끼쳤다. 내구성과 원본 복원력을 지닌 디지털 정보가 인터넷을 통해 실시간으로 국경을 넘어 유통되고 있다. 종이나 필름들에 아날로그 형태로 기록돼왔던 콘텐츠가 가상 재화(virtual goods)로 바뀌면서 이제까지의 물리적 제약을 넘어서고 있다. 전자 신호인 0과 1의 비트 단위로 이뤄진 디지털 정보는 거듭된 복제와 전송에도 원형 그대로 보존이 가능하며 시간의 흐름에도 영향을 받지 않는다.

스마트폰 등 각종 모바일 기기의 정보처리 센서와 이를 이용한 민간 공공 서비스의 증가로 일상생활에서 만들어지는 개인에 관한 여러 디지털 정보가 유통·보관되고 있다. 모바일의 개인화 서비스로 늘어난 위치 정보나 동영상 같은 사생활 정보가 개인 컴퓨터를 넘어 제3자의 공간, 업체의 클라우드 서버에 보관되고 있는 것이다.

디지털 기술은 단지 생활의 편의와 효율성 제고를 넘어 인간의 기억과 인지, 사고 능력과 소통 방식에 근본적 변화를 가져왔다. 사용자를 넘어 사회 전반에 영향을 끼치고 있다. 마셜 매클루언(Marshall McLuhan)은 기술 발달에 따른 미디어의 진화를 인간의 확장으로 보고, 미디어의 기술적 형태가 미디어의 내용을 압도해 인간관계와 사회제도를 결정한다고 봤다.

'세상의 정보를 수집하고 조직화해서 누구나 접근 가능하고 유용하게 만드는 것'을 목표로 내건 구글과 같은 검색엔진을 통해 전 세계는 정보에 손쉽게 접근할 수 있다. 텍스트 정보만이 아니라 이미지와 동영상도 마찬가지다. 인터넷 이전에 만들어져 검색엔진이 도달할 수 없던 신문, 고문서, 출판물 들도 디지타이제이션(digitization) 기술 덕분에 디지털화한 데이터베이스로 변모하고 있다(〈표 1〉).

나아가 페이스북, 트위터, 인스타그램, 카카오톡 등 모바일 환경에서 이용률이 높고 개인정보가 공유되는 SNS는 기존의 프라이버시 개념과 이에 기반한 규제를 무색하게 한다. 갈수록 향상되는 검색엔진은 지인끼리 주고받은 개인정보나 SNS에 올

〈표 1〉 아날로그 정보와 디지털 정보의 특성

정보 형태	아날로그		디지털	
연결 방식	온라인	오프라인	온라인	오프라인
원본-복제본의 구분	원본과 별도의 디지털 복제본 존재	디지털 복제본 없음	원본과 복제본의 구분 없거나 무의미	원본과 복제본의 구분 없거나 무의미
잊혀질 권리 관련성	해당	잠재적	해당	잠재적
사례	조선왕조실록, 관보, 옛날 신문 인터넷 서비스	족보, 도서관의 신문철, 판결문, 마이크로필름	인터넷 뉴스, 전자관보	비공개 정부문서, 비밀 해제 이전의 대통령 기록

린 감정 실린 글도 손쉽게 찾아낸다. 화제의 인물이 과거에 남긴 사적인 글이나 개인정보가 공개돼 유통되며, 흩어져 있는 정보를 모아 특정인의 종합 정보를 만들어내는 프로파일링(profiling)이 횡행한다. 더욱이 디지털 흔적(digital shadow)까지 이용하는 빅데이터(big data) 환경에서는 사생활 보호를 위한 장치인 고지와 동의, 탈퇴, 익명화가 효력을 잃는다.

빅토어 마이어 쇤베르거는 《잊혀질 권리》에서 정보의 디지털화, 인터넷, 검색엔진, 저장 장치의 저렴화 들로 기억과 망각에 관한 인류의 인지 구조가 역전됐다고 주장했다.[2] 인류에게는 망각이 일반적이어서 그림이나 문자 들을 통해 기억을 보존하려고 노력해왔지만 디지털 환경에서는 망각과 기억의 관계가 역전됐다는 것이다. 삭제하기 위해서 특별한 노력을 기울이지 않는 이상 인터넷에 한번 기록된 정보는 대부분 영구히 보존되고 기억된다. 인터넷 정보는 노후하지 않으며 완벽한 삭제가 거의 불가능하다. 원본과 동일한 사본이 제3자 관할권 아래에 다수 존재하는 속성 때문에 원본을 삭제하는 것으로는 한계가 있다. 또한 검색엔진의 일시 저장(저장된 페이지)과 하이퍼링크를 통한 원본 연결 기능은 인터넷 삭제의 복잡성과 한계로 이어진다.

또한 국경 바깥의 서버에 위치한 데이터의 보관과 삭제에 어느 나라의 법을 적용할지도 고민거리다. 물리적 장소를 기준으로 사법 권역이 정해진 것과 달리, 서비스가 물리적 장소의 한계를 벗어나 제공되고 사용자가 각기 다른 법률이 적용되는 나라에 존재하는 상황에서 기존의 법률체계가 지닌 한계가 드러났다.

언론 환경의 변화

디지털화와 인터넷은 언론 환경에도 큰 영향을 끼쳤다. 아날로그 환경에서 보도물은 종이나 전파의 형태로 만들어져 시공간적으로 제한된 수용자에게 전달됐다. 과거의 보도물은 도서관, 언론사 등 제한된 장소에 보존됐고 정보를 찾는 데 많은 수고가 필요했다. 그런데 언론 보도가 디지털로 이뤄지면서 생산과 이용 구조가 달라졌다.

우선 기사의 이용 형태가 바뀌었다. 신문기사를 종이신문

보다 PC나 스마트폰을 통해 읽는 경우가 훨씬 많아졌다. '2014 언론 수용자 의식 조사' 결과 1주일 동안 신문기사 이용 방법(복수 응답)에서 종이신문을 통한 경우는 30.7%로, PC를 통한 경우 47.75%와 스마트폰 등 모바일을 통한 경우 59.6%보다 낮았다.

기사의 시간적·공간적 한계에 관한 기존 개념도 달라졌다. 묵은 기사가 관련 기사 형태로 이용되거나 포털의 검색 서비스를 통해 이용되고 있다. 언론중재법은 인터넷신문과 인터넷 뉴스 서비스 사업자에 대해서만 보도의 원본과 배열 전자 기록을 6개월간 보관하도록 의무화하고 있다.[3] 하지만 현실은 대부분의 언론사들이 기사를 시한 없이 보관하며 서비스하고 있다.

기사의 보도 대상과 형식 또한 달라졌다. 보통, 보도 대상과 형식이 달라지는 동인은 사회적·기술적 변화와 더불어 기사로 인한 관련자들의 권익 침해 주장이다. 그리고 언론 보도로 인한 관련자의 권익 침해는 주로 명예훼손과 프라이버시 침해다. 국내 언론계에 프라이버시 개념이 도입된 때는 1950년대 후반이다. 1960년대 신문윤리위원회에 접수된 권익 침해 보상 제소 기사의 대부분은 프라이버시에 관한 것이었다. 1988년 이후 신생 언론사들이 늘어나고 언론계 비리가 불거지면서 1990년대에 언론사들은 회사별로 윤리강령을 만들었다. 그리고 한국기자협회, 한국신문협회, 편집인협회는 새 윤리강령을 제정해 발표했다. 언론의 자유와 책임을 균형 있게 강조한 새 윤리강령은 제5조에 개인의 명예와 사생활 존중 조항을 담았다. 그러나 이러한 언론계 자율 규제는 언론인들과 언론사들의 보도 관행에 거의 영향을 끼치지 못했다.

정작 기사 스타일 변화에 결정적 영향을 끼친 것은 법률과 판례를 통한 강제적 수단이었다. 사회적 관심이 집중된 사건에 대한 언론의 선정적 보도와 잘못된 보도에 대해 손해배상을 명령한 법원 판결이 언론사의 보도 관행을 변화시키는 결정적 역할을 했다.

한국에서 언론의 프라이버시 침해가 법적으로 다뤄지기 시작한 때는 1990년대 이후이다. 1990년대 들어서 언론사가 늘어나고 표현의 자유와 인권 의식이 신장되면서 보도의 공익성과 프라이버시 논란이 확대됐다. 판결을 통해 보도의 면책 조건과 프라이버시 영역에 대한 구체적 기준이 제시됐다. 언론이 검찰, 경찰의 수사 기록이나 취득 정보만으로 확인 절차 없이 허위 기사를 보도했을 때 법원은 배상 책임을 물었다.

법원이 프라이버시와 관련한 판결을 내린 사례는 주로 오보로 드러난 경우였다. 1988년에 대법원은 명예훼손의 경우에 공공의 이익을 목적으로 진실 증명과 진실로 믿을 상당성이 있어야 위법성이 사라진다는 판결을 내렸다.[4] 대법원은 유명 모델의 접대 의혹 보도를 다룬 사건에서 수사 검사로부터 입수한 정보만 믿고 확인 절차 없이 보도한 언론사에 대해 배상 책임을 인정했다. 이후 언론은 수사 당국의 정보에 대해 별도로 확인 노력을 기울여야 면책이 됐다.

국내 언론의 범죄 보도와 프라이버시 공개 관행에 획기적 변화를 가져온 판결은 이른바 '이혼 소송 주부 청부 폭력 오보' 사건에 대한 1998년의 대법원 판결이다.[5] 피고 언론사들은 구속 영장 신청 단계에서 담당 경찰의 발표를 취재한 결과라며 오보에 대한 언론사의 손해배상 책임을 인정한 서울고등법원의 판결에 대해 상고했다. 그러나 대법원은 이를 기각했다. 대법원은 '범죄 보도는 공익에 속하지만 범죄 자체를 보도하기 위해 반드시 범인이나 혐의자의 신원을 명시할 필요가 있는 것이 아니고, 범인과 혐의자에 대한 보도가 범죄 자체에 대한 보도와 같은 공공성을 가질 수 없다'라고 판시했다. 이 판결은 국내 언론의 범죄 보도에서 익명 보도의 원칙이 확립되는 결정적 계기가 됐다. 판결을 무시하고 과거의 관행처럼 범죄 보도를 할 경우 언론사들은 정정 보도와 배상 책임을 지게 됐다.

이 판결 이전까지 신문사들은 보도 대상의 인권과 프라이버시 보호에 대한 개념을 거의 갖고 있지 않았다. 대부분의 범죄 보도에서 피의자는 물론 피해자의 신원, 나이, 주소를 표기했다. 그리고 그 배경에는 이런 식의 상세 보도가 기사의 정확도와 신뢰도를 높인다는 관행이 있었다. 6하원칙(5W1H)에 따른 좀 더 상세한 뉴스가 더 정확한 뉴스로 여겨져온 것이다. 당시의 보도 관행은 네이버 뉴스라이브러리를 비롯한 과거 신문 데이터베이스 서비스를 통해 손쉽게 확인할 수 있다.

문제는 이런 기사들이 맥락과 배경에 대한 고려 없이 누구에게나 노출되고 있다는 점이다. 실제로 네이버 뉴스라이브러리 등 과거 신문 데이터베이스에서는 현재의 프라이버시나 법률적 기준으로는 통용되지 않는 기사들이 인터넷에 그대로 노출되고 있다. 시공간을 초월해 정보를 손쉽게 검색·유통할 수 있게 됐지만, 뉴스가 고유의 맥락에서 벗어나 지속적으로 재검색되고 유통되면서 관련자들의 피해 호소도 생겨난 것이다. 인터넷 환경에서 기억과 망각의 구조가 역전됐다는 마이어 쇤베르거의 지적은 망각을 위한 새로운 제도와 절차의 필요성을 역설한 것으로 이해할 수 있다.

2. Mayer-Schönberger, V.,《잊혀질 권리(Delete: The virtue of forgetting in the digital age)》, 구본권 옮김(지식의 날개, 2011).

3. 언론 중재 및 피해 구제 등에 관한 법률 제15조 제8항.

4. 대법원 1988. 12. 11. 선고 85다카29 판결.

5. 대법원 1998. 7. 14. 선고 96다17257 판결.

알 권리 vs 잊혀질 권리

잊혀질 권리는 알 권리(right to know)/정보접근권과의 대립으로 이어진다. 알 권리와 정보접근권은 민주주의 작동을 위한 기본 개념으로 언론사의 취재와 보도 활동의 근거가 됐다. 주로 언론 매체에 의해 대리 수행되는 알 권리/정보접근권은 프라이버시권과 충돌한다.

정보접근권과 알 권리의 우선 대상은 국가나 공공 기관의 업무와 관련한 공적인 성격의 정보이다. 민주 제도의 발달에 따라 국가와 지방자치단체, 공공 기관 등의 공적 부문은 갈수록 높아지는 국민의 정보 공개 요구에 부응해 정보공개법을 제정했다. 공공 기관의 정보 공개에 관한 법률(정보공개법)은 제1조에

"공공 기관이 보유·관리하는 정보에 대한 국민의 공개 청구 및 공공 기관의 공개 의무에 관하여 필요한 사항을 정함으로써 국민의 알 권리를 보장하고 국정에 대한 국민의 참여와 국정 운영의 투명성을 확보함을 목적으로 한다"라고 입법 목적을 밝혔다.

알 권리는 권리로서의 구체성이 명확하지 않다. 한국에서 알 권리가 기본권으로 인정된 것은 1989년 헌법재판소의 결정에서다. 헌법재판소는 1989년 토지조사부 열람 불허 사건과 1991년 소송 기록 열람 청구 사건에서 알 권리를 헌법상 기본권이라고 인정했다.[6] 1991년 헌법재판소는 형사 판결 당사자가 자신의 재판 기록 열람을 청구한 사건을 다룬 결정에서 헌법 제21조에서 알 권리를 보장하고 있다고 밝혔다.[7] 헌법 제21조가 명시한 언론출판의 자유는 자유로운 의사 형성을 전제로 하는데, 이는 정보에 충분히 접근, 수집, 처리할 수 있는 알 권리를 필요로 한다는 게 헌법재판소의 결정 취지였다. 이처럼 알 권리는 정보에 접근할 수 있는 자유권적 성질을 넘어 표현의 자유와 여론 형성을 위해 적극적으로 정보를 요구할 수 있는 청구권적 권리를 갖는다. 헌법재판소는 이 결정에서 현대사회가 정보화사회로 옮아감에 따라 알 권리가 생활권적 특성도 획득한다고 밝혔다.[8]

알 권리는 미국에서 시작됐다. 1950년대 시민사회의 알 권리 운동 결과로 1966년 정보자유법(Freedom of Information Act, FOIA)이 제정됐다. 미국은 헌법이나 개별법에서 알 권리를 보장하지 않지만, 판례에서는 언론의 보도와 표현 자유를 보장함으로써 국민의 알 권리를 적극적으로 뒷받침하고 있다. 정보자유법에 의해 공공 기관이 국민들에게 정보를 제공하도록 하고 있으며, 언론사가 공공 기관의 정보에 합법적으로 접근해 보도한 내용에 대해 원칙적으로 책임을 묻지 않는다. 알 권리는 그 주체와 대상을 유형화하기 어렵다. 그래서 현실에서는 국민의 알 권리를 대리 수행하는 언론사가 보도와 취재의 편의를 위해서 요구하는 권리로 기능한다.

한국에서 알 권리는 1996년 국가기관의 공공 기록물에 대한 정보 공개와 청구권을 규정한 정보공개법으로 구체화됐다. 1980년 쿠데타로 집권한 신군부가 언론 통폐합과 언론 탄압을 위해 만든 언론기본법에도 비슷한 조항인 정보요구권이 있었다. 하지만 정보요구권은 허울뿐이어서 1987년 언론기본법이 폐지될 때까지 실제로 한 번도 행사된 적이 없었다.

재판 기록

재판 기록은 알 권리와 정보접근권이 잘 드러나는 공공 기록물이다. 대부분의 민주 사회에서는 재판과 재판 기록의 공개를 원칙으로 하고 있다. 소송 심리와 선고 법정의 공개를 넘어 재판의 모든 것이 담겨 있는 공공 기록이 재판 기록이다. 재판과 재판 기록의 공개 정도에서 그 사회의 알 권리와 정보접근권에 대한 태도가 잘 드러난다. 미국과 한국의 재판 기록 공개 수준에는 차이가 확연하다.

우선, 한국은 일반인들의 접근을 제한하고 재판 당사자 등 관련자에게만 접근권을 부여한다. 헌법재판소는 1991년 일반인이 표현의 자유를 위해 정보 취득, 수집, 보유와 관련한 알 권리 차원에서 재판 기록에 대한 접근권을 지닌다고 결정했다. 동시에 알 권리는 국가 안보와 피고소인 등의 명예, 인격, 사생활 비밀 등 기본권 보호를 위해 제한을 받을 수밖에 없다고 밝혔다. 프라이버시 침해로 보이는 사안이라고 해서 반드시 위법이 되는 것은 아니다. 언론의 보도나 공적 인물에 관한 사안인 경우에는 다른 기준이 적용된다.

미국 연방헌법은 재판의 공개와 재판 기록에 대한 일반인의 접근 규정을 별도로 두지 않는다. 하지만 수정헌법 제1조를 근거로 재판과 재판 기록의 공개가 보장되는 것으로 여긴다. 미국 법원은 공개재판을 통해 생겨난 정보는 공중의 재산이므로 법원이 이를 숨기거나 내용을 편집, 수정할 수 없다고 본다. 미국연방대법원은 1980년 리치몬드 신문(Richmond Newspaper) 사건 선고에서 '형사 재판은 역사적으로 일반에 공개돼 있으며 그 원천에는 정치·표현의 자유를 뜻하는 수정헌법 제1조에 근거한 일반인의 접근권이 있다'라고 판결했다. 또한 연방대법원은 1982년 글로브 신문(Globe Newspaper) 사건에서 미성년 성폭력 범죄 피해자의 법정 진술에 관한 공개 여부를 다루면서 비공개 재판의 조건을 엄격하게 제한했다. 비공개재판 결정은 심대한 공익상의 필요와 그 필요를 만족시키는 최소 침해의 기준을 동시에 충족할 때에만 가능하다고 판시했다. 연방대법원은 미성년 성폭력 피해자의 법정 진술은 피해자의 고통 등 비공개의 공익적 필요는 만족시키지만, 최소 침해의 요건을 만족시키지 못했기 때문에 비공개 대상이 아니라고 보았다.

또한 정보공개법 및 관련 법령에 근거한 행정기관의 의무위반 불이행에 대해 행정청이 '위반 사실을 공표'하는 것도 프라이버시 침해로 이어졌다. 그러나 국내에서는 성폭력처벌특별법을 통해 청소년 대상 성 범죄자의 명단을, 국세기본법에 따라 고액 체납자의 명단을 공개하고 있다. 청소년 대상 성 범죄자 명단 공개는 아동·청소년의 성 보호에 관한 법률에 따라 2000년부터 시행 중이지만 그 공개의 효과와 범위, 공개 수준에 대해서 논의가 계속되고 있다. 2003년 헌법재판소는 신상 공개에 대해 사생활 침해나 이중 처벌로 볼 수 없다고 합헌 결정을 내렸다. 그리고 대법원은 2011년 10월 신상 공개가 응보 목적의 형벌과 달리 범죄 예방을 위한 보안 처분적 성격이 강한 점에 비춰, 법 시행 이전에 범죄를 저질렀다고 해도 신상 공개 명령의 대상이 된다는 판결을 내렸다. 성폭력 범죄의 처벌 등에 관한 특례법 개정으로 2011년부터는 성인 대상 성 범죄자로까지 신상 공개 대상이 확대됐다. 또한 범죄자의 신원 공개는 확정 판결 이전까지 무죄로 추정한다는 무죄추정권에도 불구하고 특정 강력범죄 처벌에 관한 특례법 개정을 통해 일부 범죄 혐의자에 대한 정보를 공개하고 있다. 잇단 강력 범죄로 인한, 범죄 혐의자의 인격권보다 국민들의 알 권리가 우선이라는 여론이 법 개정의 배경이었다.

법정 기록이 디지털화되면서 알 권리와 프라이버시의 충돌은 더욱 거세졌다. 이전에도 재판 절차와 법정 기록은 미성년자나 이혼 소송 등의 예외를 제외하고 기본적으로 공개됐으나, 디지털화로 새로운 문제가 생겨났다. 미국 법원들은 법정 기록에 대한 전산 기록이나 인터넷에 의한 접근을 기존의 종이 기록에 대한 물리적 접근 방법과 구분하지 않았다. 이는 프라이버시 노출이나 증인 협박과 같은 부작용을 낳았다. 그러자 2002년 주대법원장회의와 주법원행정처회의가 합동으로 마련한 가이드라인에서는 사회보장번호와 주소 등 사생활과 관련한 정보를 온라인 접근 대상에서 제외했다. 법정 기록에 대해 접근성이 높아지면서 민감한 개인정보에 대한 접근성도 높아졌기 때문이다.

한국에서 경찰은 범죄 혐의자를 검거하기 위해 이름, 사진, 주민등록번호가 들어 있는 수배 전단을 경찰서나 파출소에 게시해왔다. 인터넷이 널리 쓰인 뒤에는 종이 전단을 그림 파일 형태로 바꿔 홈페이지에 게시하는 방식을 병행했다. 그러다 경찰청은 혐의자가 자수한 뒤에도 홈페이지에서 수배 전단을 제거하지 않아 피해 배상 판결을 받았다.[9] 경찰은 이 판결을 계기로

2002년 10월 이후부터 수배 전단 작성 시 수배자 이름, 사진, 생년월일만 공개하고 있다.

행정기관도 상황은 비슷하다. 행정기관들이 고액 상습 체납자나 성 범죄자의 신상 정보를 공개할 때 공개 조건을 법률적·기술적으로 제한하고 있다.[10] 예를 들어 성 범죄자의 경우 법원이 정한 공개 기한을 지켜야 하며, 다른 공간으로 정보를 옮기거나 다른 용도로 활용하는 것을 불법으로 규정해 처벌하고 있다.[11] 그래서 행정기관은 신원 정보가 사이버 공간에서 유포되는 것을 막기 위해 해당 웹페이지에 보안 조처나 복사 방지 장치를 하고 있다.

하지만 이러한 기술적 장치에도 불구하고 인터넷에서 정보의 유출과 유통을 전면 차단하는 것은 사실상 불가능하다. 저작권 보호 장치(DRM) 따위를 이용해 복사를 막더라도 화면을 캡처하거나 촬영하는 것까지 막기는 어렵기 때문이다. 이렇게 만들어진 정보를 개인들끼리 이메일이나 SNS 등을 통해 유통하고 국외 서버에 익명으로 포스팅하고 공개할 경우 국가 차원의 행정력으로 차단하기는 매우 어려운 게 현실이다.

6. 헌법재판소 1989. 9. 4. 선고 88헌마22 결정.
7. 헌법재판소 1991. 5. 13. 선고 90헌마133 결정.
8. 헌법재판소 1991. 5. 13. 선고 90헌마133 결정.
9. 서울고등법원 2007. 3. 30. 선고 2006나31964 판결.
10. 국세기본법 제85조의5, 성폭력 범죄의 처벌 등에 관한 특례법 제37조.
11. 성폭력 범죄의 처벌 등에 관한 특례법 제40조(공개정보의 악용 금지).

뉴스성과 시의성

프라이버시 침해 여부를 판단하는 과정에서 뉴스성(newsworthiness)은 중요한 면책 사유다. 윌리엄 프로서는 1960년 워렌과 브랜다이스의 〈프라이버시 권리〉 이후 70여 년간 300여 건의 법원 판결을 분석했다. 그 결과 불법 행위로 분류되는 프라이버시 침해 판결에서 공통점을 찾을 수 없고, 다만 4가지 침해로 분류할 수 있다고 주장했다.[12] ①평온함, 독거 또는 사생활에 대한 침해 ②난처한 사적 사실의 공표 ③공중에게 왜곡된 인상을 줄 수 있는 사적 사항의 공표 ④이름, 초상 등의 영리적 사용이다. 프로서의 분류는 미국에서 제2차 불법행위법(2nd Restatement of Torts)에 반영됐다.

프로서는 개인의 사적인 사실을 무단으로 공표한 것이 "합리적인 사람들에게 매우 공격적일 경우" 불법 행위로 규정했다. 그러나 예외가 있다. 뉴스 가치가 있을 때다. 미국에서 공중의 정당한 관심사에 해당하는, 즉 뉴스성이 있는 사적 사실의 공표는 보호받는다.

한국에도 비슷한 면책 조건이 있다. 법원은 사생활 침해 관련 판결에서 '뉴스성'이라는 표현을 사용하지 않지만, '공중의 정당한 관심사'에 비슷한 의미를 부여한다. 개인 신상 공개에 관한 것이라도 공적인 관심사에 해당할 때, 또는 공적 인물의 사회적 활동에 대한 평가일 때에는 공적 이익에 부합한다는 것이다. 1996년 대법원은 공직 후보자의 전과 사실은 그의 사회적 활동에 대한 비판 또는 평가의 한 자료로서, 공직 후보자로서의 자질과 적격성을 판단하는 데 중요한 자료이고 공적 이익에 관한 사실이므로 위법성이 조각된다고 판결했다.[13)]

하지만 어떤 정보가 뉴스성이 있는지에 대한 보편적 기준은 없다. 국가, 법률체계마다 다르다. 공익적 사안은 보도할 가치가 있는 뉴스성 정보라는 데 합의가 이뤄져 있지만 뉴스성에 대한 객관적 기준은 사실상 존재하지 않는다. 따라서 무엇을 뉴스성 정보로 판단해 보도할지는 해당 언론사의 판단에 달려 있다. 그리고 언론의 보도 영역은 다양한 사안을 다루는 종합 일간지부터 특정 정보를 다루는 전문지까지 다양하다. 프라이버시 침해와 잊혀질 권리를 적용하는 데 있어서 언론이 다루는 정보를 예외로 처리하는 근거는 공적인 관심사이지만 공통 기준이 없는 셈이다. 잊혀질 권리는 뉴스성 있는 보도에 대해 예외를 인정해 언론 자유를 보호하고자 한다. 하지만 이런 뉴스성 정보에 대해 예외를 설정하는 규정의 논리적 근거는 빈약하다. 특정 정보가 오랜 세월이 지난 뒤 공적 관심사가 될지를 현재 시점에서는 판단하기 어렵기 때문이다.

뉴스 가치는 시대에 따라서 달라진다. 워렌과 브랜다이스는 1890년 프라이버시 권리를 주장하면서 뉴스 가치가 있는 출판물과 뉴스 가치가 없는 가십을 구분하려 했다. 개인의 사생활을 침범하는 가십성 보도를 규제하기 위해서였다. 하지만 성적 표현의 변화처럼 시대에 따라 기준은 달라지고 뉴스 매체가 다루는 뉴스 대상도 갈수록 넓어졌다. 대중문화사회로 이행하면서 공적 인물에 연예인, 운동선수 들이 포함됐고, 이들에 관한 수용자들의 관심이 높아지면서 뉴스의 영역이 다원화되고 있다. 랜달 베전슨(Randall P. Bezanson)은 “취향이나 적절성의 기준은 현대사회가 너무나 다원적이고 문화적으로 다양하기 때문에 사회적 차원에서 결코 구명할 수 없다”라며 뉴스성의 기준 설정이 사실상 불가능하다고 지적했다.[14]

미국의 저명 언론인 커티스 맥두걸(Curtis MacDougall)은 뉴스 가치를 이루는 요소를 시의성, 근접성, 저명성, 결과의 영향력, 인간적 흥미로 규정했다.[15] 특히, 일정한 배포 주기를 갖는 뉴스 간행물에서 시의성은 뉴스 가치의 핵심 요소다. 하루 단위로 배포되는 일간신문과 한 달 단위로 제작되는 월간지는 각각 뉴스 커버리지가 다르다. 일간신문에서 1년 전에 일어난 화재 사건이 보도되는 일은 거의 없지만 하루 전날 발생한 화재 사건은 중요하게 보도된다. 관행적으로 뉴스 매체가 24시간이나 정해진 주기를 기준으로 제작·배포되기 때문에 직전 보도 뒤 발생한 사안과 최근 발생 정보 위주로 뉴스 보도가 이뤄져왔다. 환경 감시라는 대중매체의 기능에 비추어볼 때 현실에 영향을 줄 수 있는 정보는 오래전에 생겨난 일이 아니라 바로 발생한 새로운 정보, 즉 뉴스다.

그런데 아카이브와 역사 속으로 저장돼 접근성을 잃어버린 뉴스가 디지털 정보화로 인해 시공간을 초월해 유통되면서 뉴스에서 시의성에 대한 재검토가 필요해졌다. 시의성이 없는, 즉 과거 특정 시점에 보도된 뉴스는 영원히 뉴스로서 가치가 있는가, 아니면 뉴스 가치에 변화가 생기는가의 문제다.

이는 국가별로 다르다. 그 까닭은 법률체계에 따라 언론의 기능과 자유의 범위에 대한 규정이 차이 나기 때문이다. 스위스 연방법원은 1980년 소시에테 스위스(Societe Swiss) 방송사가 공적 기록에 근거해 1939년 처형된 사형수에 관한 다큐멘터리를 내보내자 이에 반발해 기사 삭제를 요청한 관련자의 기사 삭제권을 인정했다. 범죄 혐의자의 이름을 보도할 권리는 기본적으로 사법 절차가 진행되는 기간에만 있으며 이 기간이 지나면 범인은 더 이상 공적 영역에 있지 않다고 판결한 것이다. 그 뒤 스위스에서는 과거의 범죄 사실을 보도하거나 출판한 행위에도 비슷한 판결을 내렸다. 새로운 삶을 살고 있는 전과자의 이름을 과거 범죄와 관련해서 공개하는 것은 현재 사건에서 과거 범죄를 언급하는 행위가 합리적으로 정당화될 때에만 가능하다는 게 법원의 판결 요지다. 즉, 과거의 범죄 기록이 현재의 맥락에서 합리적 필요성을 갖지 않는 이상, 뉴스 가치가 없다는 것이다. 이는 개인의 새로운 출발이 갖는 사회적·개인적 가치가 과거 전과 기록에 들어 있는 개인에 대한 공중의 접근권보다 높다는 판단에 따른 것이다.

독일의 경우도 비슷하다. 2008년 독일 법원은 1990년 배우를 살해한 범죄로 15년 형을 산 범인들이 위키피디아에서 자신들의 이름을 지워달라고 요구한 재판에서 원고의 기록 삭제권을 인정했다.

하지만 미국은 비슷한 성격의 재판에서 유럽과 다른 판결을 내렸다. 미국은 한번 공개된 기록과 정보를 시간의 경과와 프라이버시 보호를 이유로 비공개로 전환하거나 삭제하는 것에 대해 부정적이다. 1983년 뉴저지 대법원은 8년 전 체포된 범인을 소재로 다룬 책에 대해 당사자가 제기한 손해배상 청구 소송에서 원고의 청구를 기각했다. "뉴스로서의 가치가 있고 공중의 정당한 관심사일 경우에 이는 사생활 침해에 해당하지 않으며, 법원의 공식적 기록에 포함된 사실을 공표한 것이므로 시간이 지나도 뉴스 가치가 약해지지 않는다"라는 것이 판결 이유였다. 미국에서 프라이버시에 해당하더라도 보도가 가능한 공중의 정당한 관심사란 '건전한 기준(decent standards)'을 가진 공중의 합리적인 구성원이 일반적으로 관심을 가지는 영역을 가리킨다. 이는 표현의 자유를 광범하게 보호하는 수정헌법 제1조에 바탕하고 있다. '시간이 오래 지난 사건이라고 해서 공익성이나 공중의 관심이 사라지거나 쇠퇴하는 게 아니다'라는 것이 미국의 법률 전통이다.

미국의 이러한 판례에는 과거 사건에 대한 보도나 출판이 현재의 뉴스를 보도하는 행위보다 덜 보호받는 게 아니라는 전제가 깔려 있다. 2003년 미국 아이다호 주 대법원은 40년 된 판결을 다시 언급하는 사건 판결에서 '미국 수정헌법 제1조는 역사가들을 기자들보다 덜 보호한다고 볼 수 없다'라고 판시했다. 이는 독일과 스위스의 판결과 대조적이다.

뉴스성을 재는 잣대는 뉴스 대상의 지위나 성격과도 연관이 있다. 공인의 범위와 성격에 따라 잣대가 달라진다. 연예인이 대표적이다. 공적 인물의 범위에서 연예인은 경계선에 있다.

한국 법원은 연예인의 공인으로서의 지위 여부에 관한 소송에서 시간의 영향과 당사자의 의지를 고려한 판결을 내려왔다. 1997년 법원은 '유명 연예인이 현역에서 은퇴한 뒤 더 이상 대중에 공개된 생활을 원치 않는 경우 공인으로 볼 수 없다'라며 사생활 보호의 권리를 인정했다. 영화배우 윤○○ 씨의 동생에 관한 여성 월간지의 사생활 침해 보도에 대해 법원은 '원고

윤○○는 기사를 작성할 당시 이미 영화계를 은퇴하고 가정생활에 전념하고 있어 더 이상 공인으로 볼 수 없다'라고 판시했다.[16) 2007년 법원은 텔레비전 유명 탤런트로 활동한 차화연(예명) 씨에 대해서도 한때 공인이었으나 은퇴 뒤 공인의 지위를 유지하고 있지 않은 것으로 판단했다. 법원은 '차 씨가 결혼과 함께 연예계를 은퇴한 후 언론 인터뷰에도 응하지 않고 가정생활에만 전념하고 있어 더 이상 공적 인물이 아니다'라고 보았다.[17) 또한 '연예인의 공인 여부를 판단함에서 현재 시점의 인기 대중 스타인지와 과거 스타였는지를 고려해 보호 정보를 달리해야 한다'라며 공인으로 볼 수 있는 시효가 존재한다는 관점도 있다.[18)]

공통 잣대는 없다

이처럼 더 이상 시의성과 정보 가치가 크지 않고 당사자의 프라이버시 이해가 중요한 사안의 뉴스성은 사회별 가치 체계에 따라 달라지기 때문에 공통의 잣대가 없다. 그럼에도 이 문제가 중요한 까닭은 디지털화와 인터넷으로 인한 뉴스 접근성 때문이다. 아날로그 환경에서는 시의성을 잃어버린 과거 기사에 노출되는 당사자와 제3자들이 소수였던 데 비해, 지금은 누구나 인터넷을 통해 당사자와 제3자의 정보에 접근할 수 있다.

이러한 '보도 시점과 공간을 떠나서 기사가 언제 어디서나 유통될 수 있다'는 보편적 접근성은 정보의 맥락적 충실성에 대한 논의로 이어진다. 니센바움은 "정보가 인터넷에서 자유로이 활용된다는 것은 정보가 생성·유통되던 최초 시점의 맥락에서 완전히 벗어나 사용된다는 걸 의미하기 때문에 맥락적 충실성을 결여하고 있다"라고 보았다. 정보가 애초의 맥락을 벗어나 사용되는 것은 부적절할 뿐 아니라 프라이버시를 침해할 수 있기 때문이다. 프로서는 정보가 잘못 사용되는 경우를 '잘못된 조명(false light)'으로 구분하고 이를 프라이버시를 침해하는 불법행위의 하나로 분류했다. 또한 프란츠 베로는 알 권리와 프라이버시권이 갈등을 빚는 언론의 범죄 기록 보도에 '시간의 관점'을 도입할 필요성을 제기했다. 베로는 "범죄 기록 공표에서 처음에는 언론의 자유와 프라이버시권이 경합하지만, 시간이 지날수록 뉴스성 대신 프라이버시에 강조점이 주어져야 한다"라고 주장했다.[19]

뉴스 가치는 시대에 따라 달라지며 보편적 기준을 적용할 수 없는 속성을 지니고 있다. 그러므로 언론 보도에서 통시적으로 통용되는 뉴스 가치를 발견하기는 불가능하다. 언론의 보도 방식은 프라이버시에 대한 인식과 법률, 판결에 따라서 달라진다.

뉴스 가치의 변화는 곧 보도 활동을 하는 언론의 기준 변화를 뜻한다. 언론의 보도 기준 변화는 무엇을 중요하고 공적인 것으로 보느냐 하는 시대적 가치의 변화를 뜻한다. 언론 자체가 시대에 따라서 변화하기 때문에 언론 활동의 구체적 기준과 추구하는 가치가 변화하는 것은 당연한 현상이다.

12. Prosser, W., "Restatement of the law, second, torts", *American Law Institute*(1961).
13. 대법원 1996. 6. 28. 선고 96도977 판결.
14. 마사 누스바움 외, 《불편한 인터넷》, 김상현 옮김(에이콘출판, 2012), 291쪽.
15. MacDougall, C. D., *Interpretative Reporting*(Macmillan, 1982).
16. 서울지방법원 1997. 2. 26. 선고 96가합31227 판결.
17. 서울중앙지방법원 2007. 1. 24. 선고 2006가합24129 판결.
18. 이재진, "연예인 관련 언론 소송에서 나타난 한·미 간의 위법성 조각 사유에 대한 비교 연구: '공인이론'과 '알 권리'를 중심으로", 〈한국방송학보〉 18권 3호(2004), 7~50쪽.
19. Koops, B-J., "Forgetting footprints, shunning shadows: A critical analysis of the 'right to be forgotten' in big data practice", *SCRIPTed, 8(3)*(2012), pp. 229~236.

보도 기준의 변화

17세기 초 베네치아에서 〈가제트〉라는 주간 신문이 등장하면서 시작된 신문의 역사는 진화를 거듭해 오늘날의 신문과 방송의 형태를 갖추었다. 초기 신문들은 무역과 상업을 위한 정보지로 출발해 민주주의가 발달하면서 정파 신문으로 탈바꿈했다. 그 뒤 산업혁명을 거치며 도시화와 산업화가 이뤄진 19세기 중반에는 일반 대중을 겨냥한 값싼 페니페이퍼가 등장했다. 이 신문들은 객관적 저널리즘을 표방했다.

국내에서도 신문은 시대에 따라 변화를 거듭했다. 개화기 〈한성순보〉, 〈황성신문〉, 〈독립신문〉 등으로 출발해 일제 치하에서 민간 자본이 발행한 〈조선일보〉, 〈동아일보〉, 〈조선중앙일보〉들이 생겨났다. 해방 이후엔 〈한국일보〉, 〈중앙일보〉를 비롯해 경제신문과 스포츠신문이 창간됐고, 1987년 민주화운동 이후 언론사 설립 요건이 완화되면서 〈한겨레〉, 〈국민일보〉, 〈세계일보〉, 〈문화일보〉 등 새 매체 창간 붐이 일어났다. 언론사 설립이 허가제에서 신고제로 바뀌고 인터넷 환경이 도래해 큰 자본 없이도 가능해지면서 2000년대 이후에는 언론사들이 더욱 늘어났다. 특히 인터넷 언론사들은 포털에 의존해서 이용자들이 선호하는 선정적 기사와 인기 검색어를 이용한 기사를 양산했다. 뉴스 가치가 없는 연예인들의 사소한 동정에 대한 보도가 봇물을 이루었고, 기본적인 사실 확인조차 이뤄지지 않은 연예기사가 저널리즘의 영역으로 들어왔다. 그리고 이는 저널리즘의 질 저하로 이어졌다.

언론 환경이 변하면서 보도 기준 또한 바뀌었다. 커다란 동인은 독자와 사회의 관심 변화이지만 기사로 인한 권익 침해가 높아진 까닭도 있다. 우리나라는 근대 신문의 발달과 함께 언론보도로 인한 권익 침해가 늘어났다. 이에 대한 대응은 명예훼손과 손해배상 등 주로 법에 의존한 방법이었다. 그러다 1960년대 이후부터 언론계 내부에서 언론윤리를 통해 접근하려는 시도가 병행됐다. 이는 언론 관련법과 규제를 통해 언론 자유를 제한하려는 정치적 시도와 관련이 깊다. 1961년 5·16 군사 쿠데타 직후 국가재건최고회의 공보실은 신문 등에 관한 등록법안을 발표하고 명예훼손 기사의 게재 금지와 신문사 등록 취소 같은 독소 조항을 만들었다. 이에 언론계는 곧바로 신문사들의 자율 기구인 신문윤리위원회를 발족시켰다. 1964년 집권당인 민주공화당이 언론윤리위원회법을 만들어 언론 통제에 나서려 했으나 언론계와 야당의 반발로 시행하지 못했다. 이른바 '언론윤리위원회 파동'으로 불린다. 언론계는 대응 차원에서 기자협회를 발족시켜 자율 기구를 통한 언론 자유 수호에 나섰다.

언론 보도로 인한 관련자의 권익 침해는 주로 명예훼손과 프라이버시 침해다. 국내 언론계에 프라이버시 개념이 도입된 것은 1950년대 후반이다. 1957년 4월 7일 첫 '신문의 날'을 제정하면서 언론계가 채택한 신문윤리강령은 제7항에서 "특히 개인의 명예는 존중돼야 하며 공공의 이익이 아닌 호기심 또는 악의에서 개인의 권리와 감정을 침해할 수 없다"라고 밝혔다. 신문윤리위원회에 접수된 제소 기사의 대부분은 프라이버시와 관련한 내용이었다.

1988년 이후 신생 언론사들이 잇따라 창간되고 언론계 비리가 불거지면서 언론계의 윤리 강화 움직임이 일어났다. 1990년대 초 언론사들은 회사별로 자체 윤리강령을 만들었다. 1996년 한국기자협회, 한국신문협회, 편집인협회는 근대 신문 100주년을 맞는 신문의 날에 새로운 윤리강령을 제정해 발표했다. 언론의 자유와 책임을 균형 있게 강조한 새 윤리강령은 제5조에 개인의 명예와 사생활 존중을 담았다.

사회적으로 높아진 인권 의식과 프라이버시 침해에 대한

인식의 확산은 2000년대 이후 언론계가 다양한 차원의 자율적인 윤리 강령과 가이드라인을 모색하는 배경이 됐다. 한국기자협회는 2011년 9월 국가인권위원회와 함께 인권 보도 준칙을 제정해 발표했다. 언론계, 학계, 법조계의 전문가들로 구성된 인권보도준칙위원회를 통해 만든 준칙안은 인격권, 성평등 등 8개 분야별 요강으로 돼 있다. 한국기자협회와 국가인권위원회는 2012년 12월에 '성폭력 범죄 보도 세부 권고 기준'을 제정해 발표했다. 10개 항의 실천 요강에는 피해자와 그 가족의 신상 정보 공개 금지, 가해자 신상 정보 공개 원칙적 금지, 범죄 수법 상세 보도 금지, 피해자 책임론 등 잘못된 통념을 강화할 수 있는 보도 자제를 담았다. 이에 앞서 한국기자협회는 2004년 7월 보건복지부, 한국자살예방협회와 함께 '언론의 자살 보도 권고 기준'을 발표했다. '기준'은 모방 자살을 막기 위해 공공의 정당한 관심사가 아닌 경우 보도를 자제하고 자살자의 이름과 사진, 자살 장소와 방법, 자세한 경위를 묘사하지 말 것을 권고했다. 하지만 이런 자율 규제의 한계는 명확했다. 실제로 2012년 보건복지부가 2년간 조사한 결과, 방송 보도 52.3%, 신문 보도 47.5%가 자살 보도 기준을 준수하지 않고 있음이 밝혀졌다. 그리고 2014년 세월호 침몰 참사와 관련한 언론의 비윤리적 취재 관행에 대한 광범한 문제 제기는 2014년 9월 한국기자협회, 한국신문협회 등 15개 언론 단체들이 참여해 '재난 보도 준칙'을 선포하는 계기가 됐다.

그러나 기사의 보도 기준 변화에 영향을 끼친 것은 강제성이 없는 언론계의 자율적인 윤리강령이나 보도 준칙보다 법원의 판결이었다. 1992년 문민정부 출범 당시 청와대 정책수석비서관으로 내정됐다가 취소된 전 모 씨의 전처에 관한 보도에서 프라이버시 침해가 명시적으로 인정됐다.[20] 방송사가 유방 성형수술에 관한 문제점을 보도하면서 취재 여성의 음성을 변조하지 않아 신원이 노출된 사건에서는 대법원이 명예훼손이나 초상권과 관련 없이 사생활의 공개만으로 불법 행위 성립을 처음으로 인정했다.[21] 또 2001년 가수 신해철 씨의 결혼설 보도에 대한 손해배상 청구 소송에서는 "유명 가수의 결혼 사실 자체는 대중의 정당한 관심사에 해당하나 유명 가수와 결혼한다고 해서 공인이 되는 것은 아니다"라며 공인의 가족에 대한 사생활의 권리를 인정했다.[22]

이러한 판결을 통해 언론 보도에서 면책을 받을 수 있는 조건과 보호해야 할 개인의 프라이버시 영역에 대한 구체적인 기준이 제시됐다. 대법원이 1998년 유명 모델의 접대 의혹 보도를 다룬 사건에서 수사 검사로부터 입수한 정보만 믿고 확인 절차 없이 보도한 언론사에 대해 배상 책임을 인정한 판결은 언론 보도 관행에 큰 변화를 가져왔다.[23] 이 판결 이전까지 언론은 수사 당국의 정보나 발표에 의지해 보도를 했다. 나중에 오보로 밝혀져도 법적 책임을 추궁당하지 않았다. 그러나 이 판결로 언론은 수사 당국의 정보를 별도로 확인하는 노력을 기울여야만 면

책됐다. 그 뒤 대법원은 '통조림 포르말린' 사건 보도에 대한 판결에서 언론사의 면책 요건을 좀 더 구체화했다. 검찰, 경찰, 국세청 등 국가기관이 공식 발표하는 보도 자료와 공식 기자회견에 기초해 윤색 없이 보도했으나 허위로 드러난 경우에는 국가기관의 책임만을 인정하고 언론사의 책임은 인정하지 않았다.[24)]

시대 변화에 따라 구성원들의 관심사는 변화하고 사회적 합의 수준도 계속 달라진다. 이는 다양한 법적·사회적 제도 변화로 이어진다. 시대적·사회적 변화에 따라 법원에서는 이를 반영한 새로운 판례가 만들어지며, 국회와 정부는 과거의 법을 대체할 새로운 법을 제정한다. 언론 역시 법과 판례의 영향으로 범죄 피의자 실명 보도와 같은 기사의 형태를 바꾸도록 요구받는다. 하지만 인터넷 환경에서는 이런 변화마저 무색해진다. 범죄 피의자는 물론 피해자의 실명과 주소까지 상세히 보도한 과거 기사가 버젓이 유통되기 때문이다.

사회는 언론에 공개되는 프라이버시 기준을 시대 상황에 맞게 고치고 있지만, 인터넷 환경에서는 실효성이 없을뿐더러 과거에 통용되던 다양한 기준 중에서도 가장 낮은 수준의 규제에 맞춰서 정보가 유통된다. 물탱크에 배수 구멍을 여러 개 뚫을 경우 결국엔 가장 낮은 구멍의 위치로 물 높이가 정해지는 것과 마찬가지다.

20. 서울민사지방법원 1993. 12. 7. 선고 93가합25344 판결.
21. 대법원 1998. 9. 4. 선고 96다11327 판결.
22. 서울중앙지방법원 2001. 12. 19. 선고 2001가합8399 판결.
23. 대법원 1998. 5. 8 선고 96다36395 판결.
24. 대법원 2003. 10. 9. 선고 2003다24390 판결.

명예훼손과 표현의 자유

공인에 관한 보도나 대중의 관심이 큰 공적 사안에 대한 보도에서 유럽과 미국 언론의 차이는 크지 않다. 이 사안들은 두 지역 모두에서 보도의 대상이다. 차이가 드러나는 지점은 상당한 시간이 흘러 보도 당시에 지녔던 뉴스성이나 공적 관심을 유지한다고 볼 수 없는 사안에 관해서다. 또 개인의 명예나 프라이버시와 관련 있는 보도에서 어느 영역까지를 공적인 관심사로 보아 언론의 공표를 합법적인 것으로 간주할 것이냐에 대해서다.

범죄 보도에서 그 차이는 선명해진다. 1975년 미국의 조지아 주법원은 성폭행 피살자의 이름을 보도한 방송사에 대해 징벌적 손해배상을 부과했다. 조지아 주가 성폭행 피해자의 신원

공개를 불법으로 규정하기 때문이다. 하지만 미국연방대법원은 해당 정보가 사적인 성격을 갖지만 기자가 공개 기록에서 정보를 얻었기 때문에 대중의 정당한 관심을 끄는 사건에서 피해자 이름을 보도하는 것은 수정헌법 제1조에 의해서 보호되는 것이라고 판결했다. 이후 연방대법원은 '공적인 관심사에 합법적인 방법으로 취득한 진실한 정보'일 경우 불법으로 보지 않는다는 일련의 판례를 만들었다. 공적인 관심사를 위해서 합법적으로 취득한 정보에 대해서 정부 이익이 최우선적 가치가 아닌 이상 명예훼손죄를 부과할 수 없다는 판결이었다.

하지만 유럽의 사례는 다르다. 공개된 기록도 시간이 지나면 대중적 관심과 뉴스 가치를 잃기 때문에 이를 보도하는 것이 프라이버시를 침해할 수 있다. 스위스연방법원은 1983년 아버지가 과거에 저지른 범죄 기사를 자녀가 삭제 요청한 재판에서 삭제권을 인정했다. 스위스 법원은 판결의 근거로 기사의 시의성과 뉴스 가치를 제시했다. 재판 과정에서 밝혀진 범죄자를 언급하는 보도가 판결 시점에서는 적법한 것이었지만, 오랜 시간이 지나 수용자의 관심이 낮아지면 접근을 제한하는 것이 타당하다는 것이 법원의 논리였다. 독일에서의 판례도 비슷하다. 2009년 말, 독일인 볼프강 베를레는 독일 위키피디아를 상대로 발터 제들마이어 살해에 연루된 자신의 정보 삭제 요구를 인정받았다.

프라이버시와 명예훼손의 차이

프라이버시와 명예훼손은 인격권의 영역이고 표현 자유와 대립한다는 공통점을 갖는다. 하지만 서로 다른 개념이고 구분되는 법적 이익을 추구한다. 명예는 사회적 위신 개념으로 개인의 인격과 행위에 대한 사회적 평가인 평판을 뜻한다. 프라이버시권은 개인이 드러내고 싶지 않은 사생활의 비밀과 자유, 스스로에 관한 결정을 선택할 수 있는 개인정보 자기결정권을 뜻한다. 예를 들어 '홍길동은 서자다'라는 보도는 명예훼손이면서 동시에 프라이버시 침해가 될 수 있다. 하지만 '홍길동은 역적이다'라는 보도는 명예훼손에만, '홍길동의 혈액형은 ○형이고 집 주소는 ○○○이다'라는 보도는 프라이버시 침해에만 해당한다.

진실을 발언하는 것이 명예훼손에 해당하는지, 절대적 면책 사유에 해당하는지는 나라별 사법체계에 따라 다르다. 미국은 영국 식민지 시절인 1735년 젱가 사건(Zenger Trial) 판결로 언론 보도에 '진실 증명'을 면책 사유로 인정함으로써 언론의 자유를 획기적으로 보장했다. 미국 명예훼손 법리에서 진실 증명은 면책 사유다. 즉 진실을 발언하거나 보도하는 것은 명예훼손이 될 수 없다. 허위 사실을 적시해 타인의 평판을 떨어뜨린 경우에만 명예훼손이 된다.

반면, 독일 형법은 진실 적시에 의한 명예훼손을 인정한다. 하지만 진실 증명을 하면 처벌 조각 사유로 인정해 사실상 진실 적시에 의한 명예훼손을 처벌하지 않는다.[25] 한국은 진실한 주장이라고 해서 명예훼손의 면책 사유로 인정하지 않는다. 형법은 진실 적시에 의한 명예훼손과 허위 사실 적시에 의한 명예훼손을 구분해 처벌한다.[26] 진실 적시에 의한 명예훼손의 면책 사유는 진실 증명과 함께 공공의 이익에 관련한 경우이다.

언론·표현의 자유권과 프라이버시권은 진실 적시에 의한 명예훼손의 인정 여부에 따라서 영향을 주고받는 긴장 관계다. 진실 적시에 의한 명예훼손을 인정하는 법제 아래에서는 명예훼손의 처벌 범위가 커서 언론 보도로 인한 침해를 명예훼손법에 호소한다. 프라이버시권보다 명예훼손법의 처벌이 손쉽고 강력해 언론 자유와 프라이버시권의 보호 영역은 좁아진다. 반대로 진실 적시에 의한 명예훼손이 인정되지 않는 법제에서는 명예훼손의 법익 보호가 좁아지는 대신 언론 자유와 프라이버시권이 상대적으로 넓은 보호 기능을 갖는다.

명예훼손과 프라이버시권은 민사상으로 폭넓게 보호하는 게 바람직하다. 하지만 언론 자유 보호를 위해서 진실 적시에 의한 명예훼손이 적절한 것인지에 대해서는 논의가 필요하다. 진실 적시에 의한 명예훼손의 면책 조건인 '진실이면서 공익적인 경우'는 항변의 적용 범위를 지나치게 좁혀 표현의 자유를 충분히 보호하지 못하는 문제가 있기 때문이다.

25. 독일 형법 제186조 타인을 경멸하게 하거나 그에 대한 세평을 떨어뜨리는 데 적합한 그에 관한 사실을 주장하거나 유포한 자는 그 사실의 진실함이 입증되지 않을 때에는 1년 이하의 자유형 또는 벌금형에 처한다.
26. 형법 제307조(명예훼손), 형법 제310조(위법성의 조각).

3 잊혀질 권리는 어떤 상태인가

판결로 보는 잊혀질 권리

유럽연합 사법재판소의 판결

2014년 5월 13일 유럽연합 사법재판소가 스페인 고등법원이 의뢰한 구글 검색 결과의 링크 삭제에 대해 판결을 내리면서 잊혀질 권리는 법적 절차에 따른 실행의 문제가 됐다. 이를 계기로 그동안 잊혀질 권리를 놓고 벌인 찬반 진영의 논리와 태도가 달라지고 한층 구체화됐다.

판결 이전까지 구글은 유럽연합의 잊혀질 권리 도입을 거세게 반대했다. 구글이 관리하는 곳에 콘텐츠를 올린 경우에만 받아들일 뿐, 제3자가 복제하거나 가져다가 발행한 콘텐츠에 대해서는 삭제권을 행사할 수 없다는 논리였다. 구글은 최종 판결이 내려지기 전까지 여러 홍보를 펼쳤지만, 판결 뒤에는 달라진 상황에 빠르게 대응했다.

구글은 2014년 5월 30일 유럽연합의 이용자들에게 검색결과 삭제를 요청할 수 있는 웹페이지를 개설했다. 신청자들은 사진을 첨부한 신분증 사본을 제출하고 삭제하려는 링크를 입력해야 했다. 그리고 그 링크가 어떻게 자신에 대한 것인지와 왜 검색결과가 부적절한지를 적어야 했다. 서비스가 개설된 첫날에만 약 1만 2000건의 삭제 요청이 접수됐다. 7월 18일까지 모두 9만 1000건의 요청 접수에서 32만 8000개의 링크(URL) 삭제가 요구됐다. 프랑스 1만 7500건, 독일 1만 6500건, 영국 1만 2000건, 스페인 8000건, 이탈리아 7500건이었으며 그 가운데 53%가 삭제됐다. 구글은 삭제 요청 링크의 15%에 대해서는 추가 정보 제출을 요구했으며, 32%에 대해서는 요청을 기각했다.

삭제 요청은 신청자의 국가별 법률에 따라 처리됐으며 해당 국가 안에서만 적용됐다. 예를 들어 독일 구글(google.de)에서 삭제된 콘텐츠는 독일에만 국한되고, 영국 구글(google.uk)이나 프랑스 구글(google.fr), 글로벌 구글(google.com)에서는 문제없이 노출되는 방식이다. 또한 신청자가 자신의 진짜 이름을 입력한 검색결과일 때에만 적용됐다. 다른 검색어를 통한 검색결과에서 링크가 노출된 결과에는 적용되지 않았다. 검색결과에서 링크를 제거하는 것일 뿐 해당 정보가 실제 실려 있는 사이트의 삭제와는 무관했다.

구글은 알고리즘에 의해 자동으로 처리하는 것이 아니라 삭제 요청이 타당한지를 사람이 하나하나 검토해 처리한다고 공개했다. 또 개인의 프라이버시 권리가 대중의 알 권리 및 정보 유통권과 균형을 잡고 있는지를 평가하겠다고 밝혔다. 검색결과 화면에 요청자에 관한 낡은 정보가 포함돼 있는지를 정보에 담긴 공적 이익과 견주어 평가하겠다고도 했다. 하지만 구글은 삭제 요청 정보가 대부분 정치인과 공인에 관한 것이거나, 강력범죄 혐의와 관련한 경우 정부가 발행한 정보들이라서 판단이 어렵고 논쟁적이라고 말했다.

독일 정부는 유럽 사법재판소 판결 뒤 잊혀질 권리를 요청하는 개인들의 요구와 인터넷 기업 간의 분쟁을 조정할 권한을 갖는 중재 기구의 설치에 들어갔다. 그러나 단일한 중재 기구를 만들거나 국가 감독 아래 만드는 걸 계획하지는 않는다고 밝혔다. 인터넷에서 정보 삭제가 자동으로 이뤄져서는 공적 정보가 위협받을 수 있기 때문이었다. 또한 정치인이나 유명인, 공적으로 보도된 사람들이 자신들에 관한 불편한 정보를 삭제하거나 감출 수 있지만, 삭제 처리를 기업들의 알고리즘에 맡겨서는 안 된다고 밝혔다. 유럽연합의 정보 규제 기구인 '29조 데이터 보호 워킹 파티(Article 29 Data Protection Working Party)'가 2014년 5월 인터넷에서 링크를 제거하는 문제는 해당 정보의 민감도와 공익 사이에서 균형을 유지해야 한다고 밝힌 것과 비슷하다.

판결의 의미

유럽연합 사법재판소의 '구글 스페인 링크 제거' 판결이 잊혀질 권리와 관련해 지니는 의미는 판결 직후 유럽연합 집행위원회가 정리해서 발표한 〈사실 보고서(Factsheet)〉에 잘 드러나 있다.[1] 사법재판소는 잊혀질 권리가 정보 주체의 절대적 권리가 아니고 표현 자유 등 다른 기본권과 균형을 이뤄야 하며 사안별로 판단해야 한다는 점을 분명히 했다. 또한 잊혀질 권리는 판결의 근거가 된 유럽연합 정보보호 디렉티브 95 제12조 '정보 주체의 접근권'에 이미 내포돼 있으며, 유럽연합 집행위원회가 데이터 보호 레귤레이션(안)을 통해 새로운 기본권을 제시한 것이 아니라고 밝혔다. 〈사실 보고서〉는 판결이 인터넷의 표현 자유와 언론 자유를 무시한 새로운 권리로 거론되는 것과 관련해 '그렇지 않다'는 점을 강조했다.

레귤레이션(안)의 잊혀질 권리는 정보 주체가 정보처리자에게 제출한 개인정보에 대해 동의 철회를 통해 삭제하는 개념이다. 그에 비해 사법재판소의 판결은 검색결과 화면을 삭제 대상으로 넓힌 데 의의가 있다. 곧, 구글에서 신청인 곤살레스의 개인정보를 향후 인덱싱과 정보 접근으로부터 제외하고자 하는 것에 대한 판단이다.

이 판결로 유럽연합 내에서 검색 사업자는 정보를 전달하는 배포자(distributer 또는 carrier)의 지위를 넘어 발행인(publisher)

의 지위를 갖게 됐다. 이는 수정헌법 제1조를 통해 표현의 자유를 보장하고 단순 정보 배포자의 책임 한계를 명확히 한 미국과 대조적이다. 미국에서 인터넷 서비스 제공자(ISP)는 서점이나 신문 가판대처럼 판매·배포의 기능을 지닐 뿐이어서 정보의 내용에 책임을 지지 않는다. 그렇기 때문에 유럽연합 사법재판소가 해당 정보를 중개하는 검색엔진에 대해 검색결과 링크를 삭제하라고 판결한 것은 곧바로 검색엔진에 대한 강력한 규제가 된다.

판결의 의미는 또한 잊혀질 권리가 요청되는 근본 상황과도 관련 있다. 잊혀질 권리는 단순히 정보가 디지털로 저장돼 있기 때문에 요청되는 것이 아니다. 검색엔진과 SNS의 발달에 따라 개인과 관련한 낡고 적절치 않은 정보가 널리 이용되는 상황에서 비롯한다. 묻혀 있던 정보를 검색 업체가 인덱싱을 통해 찾기 쉬운 형태로 가공하고, 이를 검색을 통해 접근성을 높여서 제공함으로서 생긴 피해다.

검색엔진의 인덱싱은 정보가 반영구적으로 보존되고 널리 유통될 수 있도록 해준다. 이는 디지털 사회의 정보 유통 구조의 핵심 요소다. 구글은 검색 링크 삭제 판결에 대해 "도서관에는 책이 그대로 있지만, 그 책에 관한 정보를 도서관의 열람카드 목록에 포함시키지 못하게 하는 것과 마찬가지"라며 반발했다. 하지만 디지털로 인덱싱한 문서와 그렇지 않은 문서는 기본적으로 구별되는 정보라는 판례가 있다. 1989년 미국연방대법원은 '실질적 모호성(practical obscurity)'이라는 개념을 제시하면서 같은 내용의 아날로그 문서와 데이터베이스화된 디지털 문서를 구별했다. 연방대법원은 많은 시간과 노력을 기울여야 찾을 수 있는 법원의 재판 기록과 한 번에 손쉽게 찾을 수 있는 전산화된 데이터베이스는 구분해야 한다며, 전산 기록에 대한 언론의 접근권을 불허했다.

검색엔진의 인덱싱은 인터넷에 존재하는 대부분의 정보를 접근 가능하게 만들었다. 하지만 접근 가능한(accessible) 모든 정보가 필연적으로 공적인(public) 것은 아니다. 미국 미시간 주 대법원은 대학 교직원들의 주소와 전화번호는 전화번호부나 웹사이트에 공개돼 있지만, 정보 주체가 마음대로 다른 사람에게 알려서는 안 된다고 판결했다. 해당 정보는 공개돼 있지만, 특정한 맥락에서는 모호성이 유지돼야 하는 정보로서 공적인 정보가 아니라는 것이다. 따라서 유럽연합 사법재판소의 판결은 검색엔진을 통해 손쉽게 접근할 수 있는 정보를 '공적 영역(public domain)'으로 보고 링크 삭제라는 기술적 방법을 통해 해당 정보를 공적 영역에서 분리하고자 한 것이다. 즉 인덱싱을 통해 현저하게 높아진 정보 접근성에 대해 '실질적 모호성'을 회복시키려는 방법적 시도다.

한국의 판결

유럽연합 사법재판소의 판결 뒤 한국에서도 민간과 정부 기관이 관련 컨퍼런스를 개최했고, 2014년 방송통신위원회는 연내에 법제화 검토를 위한 연구반을 만들어 운영하기로 했다. 공공 부문의 이런 움직임에 앞서 잊혀질 권리를 활용한 사업과 서비스가 잇따라 등장했다.[2)]

한국에는 개인정보보호법과 정보통신망 이용 촉진 및 정보보호 등에 관한 법률(정보통신망법)에 인터넷상의 개인정보 삭제와 관련한 조항들이 있다. 개인정보보호법은 개인정보 삭제·처리 정지권(제36, 37조)을 둬 정보 주체가 개인정보처리자에게 개인정보의 정정 또는 삭제를 요구할 수 있도록 하고 있다. 정보통신망법의 '임시조치'(제44조의2)는 신청자의 요청만으로 30일간 해당 정보를 인터넷에서 차단할 수 있다. 이른바 '개똥녀 사건'과 '연예인 악플 자살 사건' 등을 계기로 인터넷 댓글의 악영향을 조기에 차단하기 위한 목적으로 도입됐다. 이 조치로 다른 나라들에 비해 특정한 콘텐츠의 접근 차단과 삭제가 쉬워졌다.

그러나 사실 여부에 대한 증명 없이 관련자의 피해 호소만으로 글이나 사진을 차단할 수 있는 임시조치에 대해 인터넷상의 표현 자유를 침해하는 조항이라는 지적도 있다. 실제로 이 조항을 이용해 자신에게 불리한 콘텐츠를 차단하고 삭제하는 사람들도 많다. 대표적으로 '맛있는 식당' 후기는 많지만 '맛없는 식당' 후기는 거의 없는 경우다. 고객이 올린 맛없는 식당 후기를 음식점 주인이 피해와 명예훼손을 주장하며 임시조치를 신청했기 때문이다.

개인정보보호법의 개인정보 삭제·처리 정지권과 정보통신망법의 임시조치 조항 들을 근거로 잊혀질 권리를 도출할 수 있다는 주장도 있다. 하지만 위의 조항들은 기본적으로 불법 정보, 사생활 침해나 명예훼손 정보를 대상으로 한다는 점에서 잊혀질 권리와 차이가 있다. 잊혀질 권리는 적법하게 처리된 정보를 대상으로 한다. 한때 적법했던 정보가 시간이 오래 지나 더 이상 정확하지 않고(inaccurate), 적절하지 않고(inadequate), 관련성이 없고(irrelevent), 과도해진(excessive) 경우에 대한 삭제 요청이다.

언론은 공적인 관심사를 다루며, 표현 자유의 핵심 영역이다. 이런 언론에 잊혀질 권리를 적용하는 데는 대상과 범위, 기준 들에서 많은 논의가 필요하다. 유럽연합에서 언론은 잊혀질 권리가 적용되지 않는 예외 영역이다. 그러나 국내 언론에서는 관련자들의 기사 삭제 요청과 묵은 기사로 인한 피해 사례가 명확한 편이다. 실제로 법적 근거나 절차와 무관하게 언론중재위원회의 조정 과정과 언론사의 고충 처리 과정에서 다수의 기사가 삭제되고 있다. 명확한 피해 호소 및 삭제 요청이 존재하며, 이를 접수해 처리하는 언론 중재 기구와 언론사들의 관행이 현실에 존재하는 것이다. 이는 묵은 기사로 인한 피해 처리가 인터넷 환경에서 잊혀질 권리를 논의하기에 가장 적합한 대상임을 보여준다. 실제로 유럽연합 사법재판소의 2014년 잊혀질 권리 판결도 1998년 스페인 신문 〈라 반구아르디아(La Vanguardia)〉에 실린 부동산 경매 정보였다.

판결 이후의 과제

유럽연합 사법재판소의 판결은 인터넷 '검색'에 사회적 통제가 적용된 사례다. 디지털 형태로 존재하는 모든 정보를 인덱싱해서 검색결과에 포함시켜 노출해온 검색 업체의 사업 관행에 대해 특정한 유형의 정보는 검색 노출이 적절하지 않다는 새로운 사회적 규제를 기술적으로 도입한 것이다. 여기서 기술적이라는 것은 원래 정보를 고치거나 없애는 것이 아니라, 단지 현재 시점에서 불필요하게 인덱싱으로 과잉 노출돼 있는 정보를 수동으로 제거하는 것을 뜻한다. 이는 글로벌 단위의 단일한 정보 도구로 기능해온 인터넷 검색엔진에 국가 단위의 기준을 설정하는 결과가 될 수 있다. 구글과 같은 글로벌 검색 사업자는 추가 비용을 들여야 할 수도 있다. 국가별로 다른 프라이버시와 명예훼손 등 법적 기준을 반영한 검색결과를 운영해야 하기 때문이다.

한편 한국에서는 모든 정보가 인덱싱되는 것이 불가피하

지 않으며 사회적 합의에 기초한 기준을 요구할 수 있다는 사용자의 인식 변화로 이어질 수 있다. 나아가 유럽연합처럼 공공의 이익보다 개인의 프라이버시나 명예가 크다고 판단될 경우에는 링크 삭제를 관철할 수 있는 범사회적 흐름이 만들어질 수도 있다. 그동안 검색 업체가 제공하는 편의를 누리는 대가로 개인정보의 검색 노출이나 유통이 불가피한 것으로 여겨온 인식이 바뀔 수 있고, 사용자와 사회적 요구를 반영할 수 있게 되는 것이다. 이를 위해서는 검색결과에 포함돼야 하는 정보의 공공 영역이 어디까지인가에 대한 사회적 합의가 필요하다. 또한 삭제 기준 설정을 검색 서비스를 제공하는 사기업의 자체 판단에 맡길 것인지, 공공의 합의를 반영한 중립적인 새로운 기구나 합의 틀에 맡길 것인지에 대한 논의도 필요하다.

그리고 판결은 인터넷 검색결과로 발생하는 비슷한 부작용 사례에 대한 논의로 나아갈 수 있다. SNS에서 자의로 혹은 제3자에 의해 노출된 사생활 정보, 명예훼손 정보, 미성년자 시절에 게재한 각종 콘텐츠, 전과나 신용 기록 등 법에 따라 유효기간이 정해진 개인 관련 정보들을 검색결과에서 삭제해야 하는지에 관해서다. 사안별로 공익성과 사적 이익을 견주어 처리해야지 기업의 내부적 절차와 기준에만 맡겨서는 곤란하다. 투명하고 책임성 있게 처리할 수 있는 기준과 절차를 사회적 합의를 통해 마련해야 한다.

1. European Commission, *Factsheet on the 'Right to be forgotten' Ruling(C-131/12)*(2014. 6).
2. "'잊혀질 권리' 비즈니스 활황… 남이 퍼간 사생활 다 지워 드립니다', 〈매일경제〉 (2013. 10. 18).

국내 법령과의 관계

국내 법률체계에는 잊혀질 권리에 관한 명시적 조항이 없다. 하지만 일부 법률에 개인정보와 관련한 삭제 청구권 형식으로 잊혀질 권리와 유사한 개념 또는 관련 조항이 있다. 삭제 요청 대상 문서가 언론 보도일 경우와 개인의 게시 글이나 댓글인 경우에 따라서 적용하는 법률이 다르다. 또 게시 글은 명예훼손 등 권리 침해와 관련한 경우와 개인정보인 경우에 따라서 법률이 다르게 적용된다.

언론관계법

묵은 기사 삭제 요청의 근거와 관련지을 수 있는 언론 관계 법규는 언론중재법, 방송법과 방송통신심의위원회의 방송 심의에 관한 규정이다.

언론중재법은 언론 보도로 인한 피해 구제를 규정한 법률이다. 제5조는 언론이 인격권을 침해한 경우 피해를 신속하게 구제해야 한다고 규정하고 있다. 구체적인 피해 구제 방법과 절차로 정정보도, 반론보도, 추후보도, 손해배상 등 4가지 청구권이 있다.

하지만 인격권을 침해하는 오보일 경우 기사를 삭제하고 수정하는 식의 인터넷에 적합한 피해 구제 수단에 대한 별도 규정은 없다. 또한 정정·반론보도 청구 시한이 보도 뒤 6개월로 돼 있어 인터넷에서 유통되는 묵은 기사에 대해서는 실질적 구제 수단이 되지 못한다. 다만 언론중재위원회의 조정과 중재 결정에서 기사 삭제라는 수단이 활용되고 있다.

추후보도 청구권은 한때의 사실 보도가 시간이 흐른 뒤 결과적으로 불충실한 보도가 돼 권리 침해를 가져온 보도에 대해 기사의 보도 시점이 아닌 사실 변경에 대한 인지 시점을 기준으로 청구권을 부여한 제도다. 형사 절차가 무죄 판결 등으로 종결됐을 때 그 사실을 인지한 날로부터 3개월을 청구 시한으로 규정한다.[3] 그러나 추후보도 청구권은 잊혀질 권리와 무관한 특성이 있다. 왜냐하면 추후보도는 과거 기사의 오류 때문이 아니라, 추가적으로 중요한 변경이 생겼을 때 보도를 통해 충실하게 만드는 행위이기 때문이다. 따라서 추후보도 청구권은 청구 시한 및 현재 시점에서 정보의 정확성 반영이라는 측면에서만 잊혀질 권리와 관련된다.

언론중재법은 제6조 고충처리인 조항을 통해 피해 구제 청구권과 별개로 피해 구제 절차를 두고 있다. 방송·일간신문·뉴스 통신사별로 사내에 언론 피해의 자율적 예방과 구제를 위해 고충처리인을 두고 타인의 명예와 법익을 침해하는 보도에 대해 시정을 권고한다. 이는 언론중재법 제5조에서 인격권 침해 보도의 경우 언론이 절차에 따라 피해를 신속하게 구제해야 한다는 규정과 비슷하다.

언론중재법 제30조 제3항의 인격권 침해 정지 청구권 조항도 기사 삭제 청구권의 법적 근거로 활용될 여지가 있다. 하지만 원상회복 청구권 성격을 지닌 침해 정지 청구권은 언론의 고의나 과실로 인한 위법 행위를 전제로 하고 소송 절차를 통해 청구하도록 돼 있어 실질적 피해 구제 수단이 되기 어렵다. 이 때문에 언론 중재 과정에서 실제로 침해 정지 청구권이 사용된 사례는 없다.

방송 등 일부 언론은 언론중재법 이외에 추가적인 법률의 적용을 받고 있다. 방송법 제32조는 방송의 공정성과 공공성 심의에 관한 규정을, 제64조는 시청자의 권익 보호를 위해 시청자위원회 설치에 관한 규정을 두고 있다. 방송 사업자는 시청자위원회 심의 결과에 대한 조치를 시청자위원회에 보고하고, 시청자위원회의 운영 실적을 방송통신위원회에 보고하도록 돼 있다. 방송 내용에 대한 구체적 심의 절차와 기준이 되는 방송통신심의위원회의 방송 심의에 관한 규정은 제3절 권리 침해 금지 조항에서 사생활 보호, 명예훼손 금지, 인격권 침해 제한을 규정하고 있다.[4] 방송에 비해 신문과 인터넷 언론은 상대적으로 폭넓은 자유를 누린다. 신문 등의 진흥에 관한 법률은 종이신문과 인터넷신문에 대해서 편집의 자유와 언론의 자유를 보장하고 있다.[5]

정보통신망법

한국에는 이미 인터넷에서의 콘텐츠 삭제를 뒷받침하는 법률이 있다. 인터넷 콘텐츠가 사생활을 침해하거나 명예훼손을 일으킨다는 피해자의 권리 침해 주장이 있으면 삭제와 블라인드가 가능하다. 유럽의 잊혀질 권리가 그 대상을 개인정보 삭제로 국한한 것에 비해 한국은 불법 정보와 권리 침해를 삭제 대상으로 하고 있다.

정보통신망법은 SNS에 올린 글, 포털의 블로그·카페·댓글 등 인터넷상의 각종 게시 글에 대한 삭제 근거를 제공한다.[6]

이 법은 인터넷 콘텐츠가 신속하게 유통·복제되는 것을 막기 위해 권리 침해자의 요청에 따라 타인의 글을 삭제·블라인드할 수 있도록 했다. 삭제 요청을 받는 즉시 삭제해야 하고, 삭제 요청에 대해 권리 침해 여부를 판단하기 어려울 때는 30일 동안 블라인드(정보통신망법의 임시조치)할 수 있다. 또한 타인의 권리를 침해하는 콘텐츠라고 판단될 때 임의로 블라인드할 수 있다.

'임시조치'는 인터넷에서 대표적인 표현 자유 침해 조항으로 지적받는다. 이해 쌍방의 일방적 주장만으로 타인의 글을 삭제하거나 블라인드할 수 있도록 해 표현 자유를 침해한다는 것이다. 이 때문에 정부는 일방의 인터넷 글 삭제 요청 때 글 작성자에게 이의제기권을 부여하고 방송통신심의위원회가 조정을 맡도록 법령을 개정했다.

또한 임시조치는 언론 보도와 관련한 게시물에서 모순점이 더 선명하게 드러난다. 블로그나 카페 들에서 요청만으로 게시 글을 삭제할 수 있는 점을 악용해 언론 보도를 그대로 옮겨온 게시물에 대해 삭제를 요구할 수 있기 때문이다. 언론사 사이트에서는 삭제 대상이 아닌 기사이지만, 인터넷의 다른 공간에 게시한 경우에는 관련자의 요청만으로 삭제할 수 있다는 법률적 맹점을 파고드는 것이다.

그래서 정보통신 사업자들이 결성한 한국인터넷자율정책기구(KISO)는 명예훼손 등 권리 침해성 콘텐츠가 언론 기사일 때 삭제와 블라인드를 예외로 하는 관리 기준을 정했다.[7] 일반

인터넷 이용자가 인터넷에 올린 글이 권리 침해에 해당하면 당사자 요청에 의해 삭제할 수 있지만, 동일한 내용이 언론 보도일 경우 이를 삭제하지 않는다는 것이다. 이는 인터넷 이용자가 기사를 옮겨왔을 때 일반 게시물이 아닌 언론 기사로 간주한다는 뜻이다. 하지만 법적 구속력이 없는 업계의 자율 기준이라는 한계를 지닌다.

한국에서 포털이나 게시판 관리 업체는 자사의 플랫폼에 한해서 작성자의 콘텐츠를 삭제할 수 있다. 제3자가 복제하거나 다른 서비스 영역에서 재발행한 콘텐츠는 삭제할 수 없다. 문제는 타인이 작성한 콘텐츠다. 바로 콘텐츠에 제3자의 댓글이 달리거나 공동 작성자와 협업을 통해 만들어진 것들이다. 이것들은 업체별로 게시판 등의 기술적 구조에 따라 삭제 기준이 다르다. 국내 포털에서 게시 글의 원래 글 작성자가 글을 삭제할 경우 댓글은 원래 글과 함께 삭제되는 게 일반적이다. 정보통신망법의 임시조치에 따라 게시 글이 블라인드될 때 댓글도 원래의 게시 글과 함께 블라인드되고 있다. 엄격히 말해 댓글 삭제에 대한 일반적 기준이나 가이드라인이 없는 것이다.

개인정보보호법

유럽에서 논의되는 잊혀질 권리는 개인정보의 삭제를 청구할 권리로 요약된다. '개인정보 삭제 청구권'의 측면에서 한국의 개인정보보호법은 유럽연합의 잊혀질 권리에 상응하는 규정을 두고 있다. 2011년 제정된 개인정보보호법의 제36조 제1항은 정보 주체가 개인정보처리자에게 개인정보의 정정·삭제를 요구할 수 있는 개인정보 삭제 청구권을 도입했다.

한국의 개인정보 정의와 프라이버시 법체계는 유럽연합과 비슷하다. 개인정보는 사적 영역 일반을 뜻하는 프라이버시에서 개인을 식별할 수 있는 정보의 형태로 발현된 것이다. 프라이버시는 정보 주체가 자신의 개인정보를 보호하기 위해서 지켜야 할 권리인 데 비해, 개인정보는 부적절한 수집, 저장, 이용 들로부터 보호해야 할 대상이다. 이러한 객체적 특성 때문에 개인정보보호법에서 개인정보는 관리와 보호, 삭제의 대상이 된다.

개인정보보호법 제2조는 개인정보를 '살아 있는 개인에 관한 정보'로서 그 '개인을 알아볼 수 있는 정보(해당 정보만으로는 특정 개인을 알아볼 수 없더라도 다른 정보와 쉽게 결합해 알아볼 수 있는 것을 포함한다)'로 규정하고 있다. 이 규정은 지나치게 포괄적이라는 비판을 받는다. 해당 개인에 관한 서술적 표현이 모두 개인정보가 돼버려 개인정보처리자가 특정 개인을 서술할 때 당사자의 동의를 받아야 하는 불합리한 상황에 빠질 수 있기 때문이다.

개인정보보호법의 잊혀질 권리로서의 역할에 대해서는 평가가 엇갈린다. 이 법의 개인정보 삭제 청구권에 대해 한국외국어대 법학전문대학원 문재완 교수는 "유럽과 미국의 논쟁과 달리 국내에서는 조용히 잊혀질 권리 입법화에 성공했다"라고 평가했다. 그러나 개인정보보호법은 기본적으로 언론의 묵은 기사와 무관하다. 개인정보보호법은 언론이 취재와 보도를 위해 수집·이용하는 개인정보는 삭제·정정 청구권이나 처리 정지 청구권이 허용되지 않는다고 규정하기 때문이다.[8]

3. 언론중재법 제17조.
4. 방송 심의에 관한 규정 제22조 공개금지 조항은 범죄 보도에서 청소년 범죄 및 성폭력 범죄 피해자를 비롯해 범죄에 직접 관련되지 않은 사람이나 피의자 가족이 공개되지 않아야 한다고 규정하고 있다.
5. 신문 등의 진흥에 관한 법률 제3조(신문 등의 자유와 책임), 제4조(편집의 자유와 독립).
6. 정보통신망 이용 촉진 및 정보 보호 등에 관한 법률 제44조의2(정보의 삭제 요청 등), 제44조의3(임의의 임시조치).
7. 한국인터넷자율정책기구 정책 결정 제2호(2009년 6월 29일), '명예훼손성 게시물의 임시조치 등에 관한 추가적인 정책', http://www.kiso.or.kr/decision/decision_view.htm?idx=111.
8. 개인정보보호법 제58조(적용의 일부 제외)는 공공 기관이 통계법에 따라 수집하는 경우, 국가 안보 및 공공 안전과 관련된 경우, 언론·종교단체·정당이 각각 고유 목적을 달성하기 위해 수집·이용하는 개인정보를 이 법의 적용 예외로 적시하고 있다.

4

아날로그 문서와 디지털 문서

망각의 제도화

디지털 시대에 잊혀질 권리를 새로운 권리로서 주창하는 논증은 인간의 사유 구조에서 기억과 망각이 관계하는 방식에 주목한다. 인간의 기억은 데이터가 전자 정보인 0과 1로 바뀌어 저장되는 디지털 메모리의 작동 방식과 전혀 다르다. 과거 25년 동안 인지과학에서는 인간 두뇌를 컴퓨터와 유사한 정보처리 장치로 이해해왔다. 이는 인간이 기억하고 망각하는 과정의 역동성을 외면한 것이었다. 기억은 단순히 뇌세포에 저장된 정보를 호출해서 활성화하는 일이 아니다. 사고 주체가 과거의 경험과 행동을 능동적으로 재구성하는 것이다. 이러한 관점은 망각에도 새로운 가치를 부여한다. 더 이상 망각은 기억의 실패에서 오는 인간 인지 능력의 결함이 아니다. 사고 작용과 기억 용량의 한계 속에서 판단과 기억을 위한 최적의 상태를 유지하기 위한 필수적인 사고 작용이다. 즉 외부로부터 받아들이는 감각적 자극을 걸러내도록 도와 사람이 최적의 판단을 내릴 수 있도록 해주는 필수적인 정신 작용인 것이다.

마이어 쇤베르거는《잊혀질 권리》에서 망각의 가치를 재조명한다. 망각은 개인적 차원만이 아니라 사회적 차원에서 능동적으로 구성되는 측면이 있다. 사회는 집단적 망각을 제도화함으로써 사회가 추구하는 가치를 구현하고자 한다. 문명은 새 세대에 새로운 삶과 사유의 방식을 열어주기 위해 기억하는 기술만이 아니라 망각의 기술을 발달시켰다.

인위적으로 사회적 망각 시스템을 적용한 대표 사례는 신용 정보 삭제와 전과 기록 삭제다. 한때 잘못을 저지른 사회 구성원들에게 과거로부터 단절해 새 출발을 할 수 있는 기회를 주는 제도다. 어느 나라에서나 청소년 보호를 위해 청소년 범죄에 대해서는 그 기록의 보존과 공표를 엄격히 통제하고 있다. 이는 청소년의 일탈 행위로부터 사회를 보호하는 것만이 아니라, 청소년 범죄에 대해 형사처분을 하더라도 그 사실이 이후의 삶을 구속하는 낙인이 되지 않도록 해야 사회적 안전성과 교정 효과가 높다는 측면이 고려됐다. 이처럼 거의 모든 사회는 망각을 제도화하고 있다. 사회적 망각을 통한 프라이버시 보호가 개인적으로 유익할 뿐 아니라 사회적으로도 가치가 크기 때문이다.

한국에서도 일정 시간이 지난 뒤에는 전과 기록과 신용 정보 기록을 공식적으로 삭제하도록 함으로써 사회적 망각을 적용하고 있다. 형법과 형 실효에 관한 법률은 법정 최고형의 경우에도 형 집행 종료 10년 뒤에는 형이 실효된 것으로 규정한다. 그리고 형이 실효되면 전과 기록에 해당하는 수형인명부의 기록을 삭제하고 수형인명표를 폐기한다.[1] 한편 신용 정보 이용과 보호에 관한 법률(신용정보법)은 신용 정보 주체에게 불리한 정보에 대해 그 사유가 사라지면 5년 안에 삭제할 것을 규정하고 있다.[2] 신용 정보 주체에 불리한 정보는 법원의 파산 선고를 비롯해 연체, 부도, 회생, 체납 정보 들이다. 신용정보법은 제1조에서 신용정보의 오용·남용으로부터 사생활의 비밀 등을 적절히 보호하는 것을 목적으로 한다고 그 취지를 밝히고 있다.

파산 제도는 사회적 망각의 원칙을 경제에 도입한 것으로 자본주의 사회에서 신용을 기반으로 대출과 변제 등의 금융 활동이 지속적으로 가능하도록 하는 주요한 장치다. 자본주의 시장경제에서 경제 주체는 과거의 실적을 기반으로 미래의 변제 능력을 평가받는 신용도를 지닌다. 미국에서는 1960년대 신용 평가가 널리 활용되면서 사용 범위가 넓어지고 악용 가능성이 높아지자 1971년 공정신용보고법(Fair Credit Reporting Act, FCRA)을 제정해 신용 평가의 남용을 막도록 했다. 이 법의 주요 내용은 파산, 채무 변제, 차압 들과 관련한 정보를 시간이 지나면 사용하지 못하도록 한 것이다. 각각의 정보별로 세밀한 시한을 설정해서 규정된 기간이 지나면 신용 기록에서 이를 삭제하도록 했다. 공정신용보고법은 7년이 지난 신용 기록의 어떠한 불리한 정보도 사용할 수 없도록 규정함으로써 가장 강력하게 시행되는 잊혀질 권리로 평가받고 있다.

청소년 범죄를 다루는 소년법은 기록의 열람과 유통에 대해 더 엄격한 기준을 적용하고 있다. 청소년 범죄에 관한 기록은 삭제 이전 단계에서 접근과 유통을 차단한다. 소년법에서는 범죄 사건의 기록에 대해서도 소년부 판사의 허가를 받은 경우에만 열람할 수 있도록 하고 있으며, 형을 마친 이후에는 형 자체를 선고받지 않은 것으로 간주한다.[3] 또한 범죄를 저지른 청소년이 언론 보도에 노출돼 피해를 입을 가능성을 막기 위해 언론을 대상으로 이례적 벌칙 조항을 두었다.[4]

그러나 법을 통해 과거의 사실과 기록을 삭제하고 사회적으로 망각하도록 하는 조처가 언론에까지 적용되느냐 하는 문제는 논란의 여지가 있다. 공직선거법은 선거 입후보자의 금고 이상 전과 기록을 선거 공보 등을 통해 유권자들에게 공개하도록 하고 있다. 여기에는 실효된 형도 포함된다.[5] 대법원 판례는 공직 후보자의 전과 사실 공개는 공직 적격성을 위해 중요하기 때문에 위법성이 조각된다고 판결했다.[6] 또한 기독교 인터넷신문 발행인이 자신의 전과 기록을 공개한 기사에 대해 낸 삭제 가처분 신청을 기각하면서, 공적 인물의 전과는 그의 자질과 적격성에 대한 중요 자료이고 형 실효에 관한 법률은 국가기관의 전과 기록, 수사 경력 자료 관리에 관한 기준일 뿐 기사에 적용되는 법률이 아니라고 판시한 바 있다.[7] 이렇게 국내 판례는 형이 실효된 전과 기록 공개 자체는 적법하지 않으나 그 대상이 공적 인물인 경우 등에 한해 위법성이 조각된다고 보고 있다.

어떤 정보를 제도화된 망각 시스템으로 포함시킬 것인지, 얼마나 오랜 시간이 지난 뒤에 포함시킬 것인지에 대해서는 국가별로 상당한 차이를 보인다. 미국에서는 범죄 기록을 삭제하는 형 실효에 관한 법률과 같은 제도가 없다. 경범죄의 경우 처벌을 받고 일정 시간이 지난 뒤 당사자가 개별적으로 전과 기록 삭제 요청 재판을 청구할 수 있다. 그것도 주별로 조금씩 다르다. 또한 미국에서는 재판 기록 공개나 현행범 체포 사진의 인터넷 공개가 국민의 알 권리 차원에서 이뤄지고 있지만, 개인의 신용 정보나 파산 기록과 같은 금융 정보에 대해서는 다른 기준을 적용한다.

1. 형 실효에 관한 법률 제8조.
2. 신용정보의 이용과 보호에 관한 법률 제18조(신용정보의 정확성 및 최신성의 유지).
3. 소년법 제30조의2(기록의 열람·등사).
4. 소년법 제68조(보도 금지).
5. 공직선거법 제49조(후보등록 등).
6. 대법원 1996. 6. 28. 선고 96도977 판결.
7. '법원, 황규학 씨 전과 경력 기사 삭제 가처분 기각', 〈교회와 신앙〉(2013. 4. 13).

관보와 판결문의 온라인화

언론은 사회 구성원들에게 필수적인 정보를 제공하고 공동체의 여론을 형성하는 도구이다. 공동체의 공적 사안을 취재하고 보도하는 언론의 속성과 독립적 지위는 언론 활동의 결과물인 보도물, 즉 기사를 공적 성격으로 간주할 것인가 하는 문제를 제기한다.

언론의 기능과 지위에 대한 국가별 차이에도 불구하고 언론이 민주 사회에서 갖는 기능은 비슷하다. 공동의 관심사에 대해 사실에 입각한 보도를 함으로써 이를 공적이고 공개된 정보로 바꾸는 것이다. 신문이나 방송 같은 대중매체의 보도는 동시에 수많은 수용자에게 전달되기 때문이다. 그 결과 언론 보도는 법적으로 '사실'에 관한 문서라는 특별한 지위를 인정받지는 않지만 일단 보도되고 난 뒤에는 공공적 성격을 띤 정보로 통용된다.

공공성과 기록성을 띤 신문기사의 보존과 유통 환경이 아날로그 오프라인에서 디지털 온라인으로 바뀌면서 데이터의 보관과 삭제 시스템의 변화를 고찰하기 위한 좋은 사례로 공문서의 정보 관리 구조를 들 수 있다. 공공성과 기록성을 갖추고 공개를 기반으로 작성돼 유통되는 정부 부문의 공문서는 신문기사와 같은 민간 영역의 발행물에 비해 법과 제도가 규정한 원칙에 따라 관리가 이뤄지기 때문이다. 언론사별로 과거 기사 관리 체계가 각각 다르고 같은 언론사 안에서도 시기에 따라서 기준이 달라지는 것과 매우 다르다. 공문서의 관리 기준과 법규는 임의로 만들어진 것이 아니라 다양한 검토를 거친 뒤 작성된 원칙이다.

관보

관보는 국가 차원에서 언론과 유사한 기능을 하는 공식 문서다. 명확한 기준에 따라 작성·보존·관리되는 국가 공식 기록인 관보가 디지털화, 온라인화 과정에서 직면한 현상은 다른 문서가 겪는 문제들을 살펴보는 데 중요한 기준이 될 수 있다.

관보는 국가가 국민에게 널리 알릴 사항을 편찬해 발행하는 공식적인 공보 기관지로서, 헌법을 비롯한 각종 법령과 조약을 공포하고 정부의 각종 공고, 고지 사항을 게재하는 수단이다.[8] 우리나라의 각종 법령은 관보에 게재되는 시점부터 효력이 발생한다. 관보는 국가 차원의 대국민 홍보 매체인 동시에 정부의 각종 활동에 대한 역사적 기록 문서로 주요 정부기관과 지방자치단체 및 그 소속 기관, 각급 학교 등에 비치·보존된다.

관보는 우리나라만이 아니라 각국에서 〈Federal Register〉(미국), 〈The Official Gazette〉(영국), 〈Bundesgesetzblatte〉(독일), 〈官報〉(일본) 등 비슷한 이름으로 존재한다. 한국에서는 정부 수립 직후인 1948년 9월 1일부터 관보를 발행하기 시작했다. 조선왕조 초기부터 왕명을 출납하는 기능을 수행하던 승정원이 날마다 발행한 〈조보(朝報)〉를 그 기원으로 보고 있다. 〈조보〉는 1894년 갑오개혁의 일환으로 근대적 인쇄술을 활용한 〈관보〉로 재창간되면서 사라졌다. 일제 시절에도 조선총독부 관보 형태로 유지됐고 1948년 정부 수립 이후 현재까지 정부 공식 홍보 매체로서의 지위와 기능이 이어지고 있다. 관보는 각 정부 부처와 소속 기관은 물론이고 주요 정부 기관이 운영하는 민원실과 국공립도서관에 국민열람용으로 비치하도록 규정하고 있다. 이 기관들은 관보 한 부를 1년간 비치·보존해야 하며, 정부 보존용 관보는 영구 보존해야 한다.

관보는 인쇄물 형태로만 발행됐으나 2003년 대통령령으로 전자관보 시스템 구축과 운영 규정이 제정된 뒤 인쇄물 형태와 전자관보로 동시에 발행되고 있다.[9] 기존에 발간된 종이관보도 전자적 그림 파일로 바꾸어 인터넷에 공개하고 있다. 2000년 10월부터 전자관보가 발행돼 그 이후의 관보는 대한민국 전자관보 사이트에서 PDF 파일 형태로, 1948년 정부 수립 이후부터 2000년까지의 관보는 국가기록원 사이트에서 그림 파일 형태로 열람할 수 있다. 전자관보는 복사가 불가능한 PDF 파일 형태로서 열람과 내부 검색이 가능하다.

전자관보는 서비스 초기에 각종 고시와 공고 등을 게재하면서 사업자나 과태료 대상자 들의 이름, 주민등록번호, 주소, 본적 같은 개인정보를 노출했다. 그러나 전자화로 손쉽게 검색이 가능해지면서 개인정보를 침해한다는 지적이 제기됐다. 2004년 10월 〈내일신문〉은 당시 한 달간 발행된 관보에서 주민등록번호를 포함한 개인정보가 38건에 달하고, 주민등록번호 없이 이름, 주소, 연락처, 본적, 사업자등록번호 들이 노출된 개인정보가 수백 건에 이른다고 보도했다. 개인정보 노출과 손쉬워진 접근성에 대해 국정감사에서 지적이 나왔고, 그 뒤 개인정보보호법 개정으로 주민등록번호의 수집과 이용이 금지됐다. 전자관보도 이 법규에 따라서 주민등록번호 등 개인정보를 가린 채 게재하도록 바뀌었으며, 기존 관보에 있는 개인정보는 온라인 서비스에서 주민번호 뒷자리를 감추는 작업(마스킹)을 했다. 2011년 이후 전자관보 서비스에서는 주민등록번호 등 개인

고유 식별 번호가 노출되지 않고 있다.

그러나 법령과 고시 등에 따라 이뤄지는 개인정보와 관련해서 관보는 이율배반적인 상황에 직면하게 됐다. 정부는 범죄 예방 효과와 법률 시행의 효율성을 위해서 개인 신상 정보를 공개하도록 하는 다수의 법률을 적용하고 있다. 공공 기관의 정보 공개에 관한 법률, 공직자윤리법, 공직자 등의 병역 사항 신고 및 공개에 관한 법률, 근로기준법, 근로기준법 시행령, 성폭력 범죄의 처벌 등에 관한 특례법, 독점 규제 및 공정 거래에 관한 법률, 하도급 거래 공정화에 관한 법률, 국세 징수 사무 처리 규정, 남녀고용평등법, 남녀차별금지법 및 규제에 관한 법률 들은 관련 공무원 또는 민간인의 신상 공개를 규정하고 있다.[10]

고위 공직자의 재산과 병역 사항 공개를 주목적으로 한 공직자윤리법과 공직자 병역 사항 신고 및 공개에 관한 법률과 달리 대부분의 법률과 시행령은 한시적인 신상 공개를 법으로 정해놓고 있다. 범죄자 또는 의무 미이행자를 대상으로 신상을 공개해 범죄 예방과 법률 시행 효율성 제고를 목적한 이들 법률은 입법 목적을 달성하거나 체납 세금 납부처럼 원인이 해소되면 신상 공개를 중단하도록 하고 있다. 근로기준법과 그 시행령은 노동자의 임금을 반복적으로 체불한 사업주의 신상을 공개하도록 했는데, 3년간 관보, 인터넷 홈페이지, 관할 지방고용노동관서 게시판, 그 밖의 열람 가능 공공장소에 게시하도록 하고 있다[11]. 또 국세기본법과 그 시행령은 고액 상습 국세 체납자를 관보에 게재하거나 국세정보통신망 또는 관할 세무서 게시판에 게시하도록 하고 있다.[12] 성 범죄자의 신상 정보를 일반에 공개하도록 한 성폭력 범죄의 처벌 등에 관한 특례법(성폭력범죄처벌법)도 비슷하다.

판결문

공공성과 기록성을 갖춘 아날로그 정보가 온라인 정보로 보존되고 유통될 때 어떠한 문제가 생겨나는지를 보여주는 또 하나의 대표적인 문서는 법원의 판결문이다. 법원의 판결문은 재판 절차를 거쳐서 만들어지는, 법률적 효력을 갖는 문서다.

헌법 제109조는 '재판의 심리와 판결은 공개한다'라고 재판공개주의를 명시하고 있으며 법원조직법 제57조는 이를 구체적으로 규정하고 있다. 그러나 헌법은 모든 재판의 전면 공개에 따른 부작용에 대비해 예외를 인정하고 있다. 헌법 제109조는 '심리는 국가의 안전 보장 또는 안녕 질서를 방해하거나 선량한 풍속을 해할 염려가 있을 때에는 법원의 결정으로 공개하지 아니할 수 있다'라는 단서 조항을 통해 재판공개주의의 예외를 밝혀놓았다. 형사소송법 제59조 3항은 비공개 심리의 경우에도 판결문은 공개돼야 함을 규정하고 있으며, 공개되지 않는 판결문은 소년법에 따른 사건과 국가 안보를 현저히 해할 우려가 명백한 경우로 제한하고 있다. 우리나라는 재판공개주의를 채택하고 있어 누구나 재판을 방청할 수 있다. 증거에 입각해 기소와 변론을 하는 공개재판은 개인정보 등 민감한 사적 사실이 제도적·필연적으로 공표되는 장소다. 방청객은 원고와 피고 등 재판 관련자들의 신원을 비롯해 피고의 구체적 혐의 내용을 확인하게 된다. 판결문에는 소송 당사자들의 이름, 주민등록번호, 주소 같은 개인정보가 기재돼 있어 판결문이 전문 그대로 공개될 경우 개인정보 침해 및 명예훼손을 일으킬 수 있다.

법원 판결문은 현재처럼 온라인으로 접근이 가능한 종합법률정보 시스템 이전에도 아날로그 환경에서 주요 판결 위주로 선별적 공개가 이뤄져왔다. 당시 각급 법원이 펴낸 판례집은 소송 당사자의 실명을 비롯한 개인정보를 싣고 있었다. 하지만 주로 법무 분야 종사자들이 이용할 뿐 온라인으로 연결되지 않아 개인정보 침해와 관련한 민원이 발생하지 않았다. 그러나 법원은 개인정보 노출 피해가 생겨날 수 있음을 고려해 2002년 3월부터는 판결문의 비실명화 작업을 하고 있다. 현재 판결문의 공개는 각급 법원의 판례집 발간, 대법원 홈페이지(종합법률정보 시스템), 정보 공개 제도, 법고을 LX DVD 판매를 통해 이뤄지고 있다.

대법원은 1998년 5월 종합법률정보 시스템을 구축하고 대법원 홈페이지를 통해 기존에 간행된 대법원과 하급심 법원의 판시 사항과 판결 요지를 공개하고 있다. 그렇다고 종합법률정보에 법원의 모든 판례가 등록돼 있는 것은 아니다. 대법원 종합법률정보에는 대법원의 간행 판결 가운데 대법원 판례집, 법원공보, 판례 공보에 실린 판결과 1948년 이후 선고된 미간행 판결의 일부가 실려 있다. 하급심 판결 중 고등법원 판례집, 하급심 판결집, 각급 법원 판결 공보에 실린 판결의 일부도 실려 있다. 헌법재판소 결정은 1989년 이후의 결정이 모두 실려 있다. 2003년부터는 연도별로 비실명화 작업을 끝낸 대법원 판결문 전문을 종합법률정보를 통해 공개하고 있으며 공개 대상을 지속적으로 확대하고 있다. 대법원 홈페이지의 종합법률정보를 통한 판결문 원문 제공만이 아니라, 2005년 5월부터는 국민 누구나 판결문 제공 신청서를 통해 대법원 및 각급 법원이 보유하고 있는 판결문을 요청할 수 있도록 하고 있다. 이 경우 법원은 판결문에 기록된 개인정보를 삭제하거나 감추어야 한다.

관보와 판결문의 차이

관보와 판결문은 종이 형태로 발간되다가 2000년대 이후 디지털 파일로 만들어져 온라인에 공개되는 과정에서 주민등록번호 처리 문제를 공통으로 경험했다. 정보의 형식만 변한 게 아니라 내용 변화가 이루어진 것이다. 관보에 노출된 주민등록번호 뒷자리를 마스킹하고, 법원 판결문 공개에서 소송 당사자의 이름과 주민등록번호를 삭제한 것은 시기적으로 개인정보 보호 법규의 개정에 앞선다. 주민등록번호의 수집과 사용을 제한한 개인정보보호법이 발효된 시점은 2012년이다. 그에 비해 전자관보 서비스에서 마스킹을 완료한 시점은 2006년 초이고 대법원의 종합법률정보 서비스에서 비실명화를 적용한 시점은 2002년 3월이다.

그러나 아날로그 문서를 디지털로 변환하고 온라인으로 공개하는 방식과 결과에서 관보와 판결문은 차이점이 있다. 우선, 종이 문서의 내용을 시대 기준에 맞게 수정하거나 삭제하는 범위와 방식의 차이다. 관보는 전자관보로의 전환과 함께 기존에 발간된 종이관보를 이미지 파일로 바꿔 서비스했고, 이후 주민등록번호 등 개인식별번호가 노출돼 민원이 발생하자 이 부분만을 마스킹하는 방법으로 온라인에서 삭제했다. 관보는 개인식별번호인 주민등록번호와 여권번호, 사업자등록번호가 삭제 대상이었다. 그러나 판결문의 디지털화 과정에서는 주민등록번호만이 아니라 사건 관련자의 이름, 주소 등 추가적인 개인정보가 삭제·마스킹됐다.

다음은 온라인 서비스 제공 과정에서 절차의 차이다. 관보는 내용에 오류가 있어서 수정할 필요가 있을 때 다음 호에서 '정정'의 형태로 발간한다. 온라인에서 서비스하고 있는 해당 일자의 관보를 나중에 수정하거나 삭제하지는 않는다. 신문의 정정보도 방식과 비슷하다. 관보는 정부 행정 절차의 근거가 되는 기록인 동시에 이를 국민에게 고지하는 문서이기 때문이다. 공적 기록으로 보관하고 접근성을 부여하는 속성이 있다. 반면 판결문은 종이 판결문에서와 달리 개인정보를 삭제하는 비실명화 작업을 한 뒤에 일반에 공개한다. 이런 점에서 온라인으로 공개되는 판결문은 종이 판결문과 별개의 문서다.

마지막으로 온라인 서비스의 범위와 방식에서도 차이가 난다. 관보는 누락본 없이 이제껏 발간된 모든 호를 디지털화해서 온라인으로 서비스하며 전자관보로 문서 형식이 바뀐 뒤에는 발간 즉시 온라인으로 서비스하고 있다. 그러나 모든 판결문을 온라인으로 공개하지는 않는다.

8. 관보규정 대통령령 제3759호, 관보규정시행규칙 총리령 제69호, 관보편찬예규 총무처예규 제53호.
9. 대통령령 제17900호, 행정자치부령 제116호.
10. 이병희, "성 범죄자 신상 공개에 대한 형사법적 고찰", 〈형사법연구 제17호〉(2002).
11. 근로기준법 제43조의2(체불사업주 명단 공개). 근로기준법 시행령 제23조의3(명단 공개 내용·기간 등)
12. 국세기본법 제85조의5(고액·상습체납자 등의 명단 공개). 국세기본법 시행령 제66조(고액·상습체납자 등 명단 공개).

신상 공개 제도와 관보의 충돌

성 범죄자 신상 공개 제도는 광범한 사회적 요구와 위헌 논란 속에서 여러 차례 공개 절차와 규정이 수정됐다.

2000년 청소년의 성 보호에 관한 법률이 제정돼 2001년부터 시행됨에 따라 2001년 8월 30일 국무총리 산하 청소년보호위원회는 청소년 상대 성 범죄자 169명의 정보를 첫 공개했다. 169명의 이름, 나이, 생년월일, 직업, 주소, 범죄 사실 같은 신상 정보가 관보와 청소년보호위원회 인터넷 홈페이지(www.youth.go.kr)에 6개월간 공개되고 정부중앙청사 및 16개 시·도 게시판에 1개월간 공개됐다. 제도 변경 이전인 2007년 11월 21일까지 모두 13차례에 걸쳐 신상 공개가 이뤄졌다. 이 법률은 이후 아동·청소년 성 보호에 관한 법률로 바뀌고 성 범죄자 신상 공개의 범위와 절차도 수정됐지만, 기본 내용은 비슷하다. 2008년 2월 4일부터는 관내에 거주하는 청소년의 보호자와 청소년 교육기관의 장이 경찰서에서 열람할 수 있는 성 범죄자 신상 정보 등록 및 열람 제도로 개편됐다. 법령 개정에 따른 과도적 조처로 2008년 2월 3일 이전에 형이 확정된 성 범죄자는 청소년보호위원회를 대신해 2009년과 2011년에는 각각 보건복지부와 여성가족부 명의 공고로 신상 정보가 공개됐다. 2010년 7월 26일부터는 여성가족부가 운영하는 '성범죄자알림e(http://www.sexoffender.go.kr)'에서 신상 정보를 공개하고 있다. 법령 개정에 따라 신상 정보 공개의 주체가 달라졌지만 그에 따른 유의미한 변화는 없다. 따라서 신상 공개 제도 변경과 운영에 있어서 분석할 대상은 정보 공개의 열람권자, 열람 방법, 게시 기간, 삭제 방법 등이다. 이에 따른 구분은 〈표 2〉과 같다.

여성가족부는 신상 공개를 위해 별도의 전용 홈페이지를 만들어 운영하고 해당 정보를 열람하고자 할 경우 실명 확인 절차를 거치도록 하는 등의 기술적 조처를 취했다.[13] 그리고 관련 법률인 성폭력범죄처벌법은 해당 정보가 용도 외의 목적으로 오용되거나 악용돼 목적하지 않은 부작용을 일으키는 것을 막기 위해 공개 정보 악용 금지 조항과 처벌 조항을 두었다.

이처럼 정부는 신상 공개를 하면서 처벌 조항을 두어 정보 공개의 시한 설정과 정보통신망을 통한 공개 금지 등 제한적 유

〈표 2〉 청소년 대상 성 범죄자 신상 공개 제도의 변화

구분	성 범죄자 인터넷 신상 공개	신상 공개 등록 및 열람 제도	성범죄자알림e
운영 기간	2001~2007	2008~2009	2010~
운영 주체	청소년보호위원회	국가청소년위원회	여성가족부
게시(열람) 공간	청소년보호위원회 홈페이지, 정부중앙 청사 및 각 시·도 게시판	전국 경찰서 내 컴퓨터	성범죄자알림e
게시(열람) 기간	6개월(청소년보호위 홈페이지), 1개월(게시판)	5년	재판 결과에 따라 10년, 5년, 2년
열람 방법	인증 없이 인터넷 접속	서류 구비해 열람권자가 신청	본인 인증 뒤 사이트 접속
열람권자	제한 없음	수사 당국, 관내 거주 청소년의 보호자, 청소년 교육 기관의 장	20세 이상 성인
관보 게재	O	X	X
정보 폐기 규정	게시 기간 경과 뒤 게시판 폐쇄(관보는 규정 없음)	10년 보유 뒤 파기	20년 보유 뒤 파기

통을 의도했지만 전자관보 때문에 각종 법률적 장치가 실효성을 잃는 모순적 상황에 처하게 됐다. 성폭력범죄처벌법은 성 범죄자의 신상 공개(정보 등록) 기간을 최대 10년으로 설정하고 그 이후에는 등록 정보를 즉시 폐기한 뒤 이를 등록 대상자에게 알리도록 했다.[14] 신상 공개 기간을 10년까지로 제한한 것은 3년 이상 징역의 범죄자도 형 이수 뒤 10년이 지나면 형이 실효되도록 한 형의 실효에 관한 법률에 따른 것이다. 수사 기관이나 청소년 보호 정책 당국은 최장 20년간 성 범죄자 등록 정보를 보

유·관리할 수 있으나 일반 공개는 10년을 넘지 못한다.

하지만 이런 처벌 조항이 무색하게 관보에는 삭제 대상 정보가 그대로 남아 있어 온라인을 통해 손쉽게 검색할 수 있다. 여성가족부가 별도의 성 범죄자 공개 전용 홈페이지를 만들어 실명 확인을 거친 국민에게만 공개하는 데 비해, 관보는 실명 확인 절차 없이 누구나 온라인을 통해 이용할 수 있다. 예를 들어 관보 2001년 8월 30일자 46쪽에는 청소년 대상 성 범죄자 169명의 신상 정보와 범죄 사실이 실려 있다. 이들 정보는 공개 당시의 기준에 따라 2002년 3월 이후에는 삭제해야 했다. 형법에 따르더라도 10년 전의 범죄 정보를 공개하거나 활용할 수 없다.

또한 관보는 개인정보보호법에 따라 과거에 노출된 주민등록번호를 소급해서 마스킹했지만, 주민등록번호가 없는 성 범죄자 신상 정보에 대해서는 삭제하거나 수정하지 않았다. 2000년 제정된 청소년성보호법 시행령(대통령령 제16992호)은 성 범죄자의 이름, 나이, 생년월일, 직업, 주소, 범죄 사실 요지를 공개하도록 했다. 하지만 주민등록번호는 공개 대상이 아니었다.

성 범죄자 공개를 위해 별도로 운영되는 게시판, 사이트 들은 공개 기간이 끝난 뒤 해당 정보의 폐기 방안이 규정돼 있다. 하지만 관보는 정보의 수정이나 삭제 없이 영구 보존하고 있다. 이러한 관보의 데이터 보존과 삭제에 관한 절차는 국세청의 고액·상습 세금 체납자 명단 공개와 그 삭제 과정에서 잘 드러난다. 국세청은 2005년 12월 22일 관보의 공고를 통해 10억 원 이상의 국세를 2년 이상 체납하고 있는 사람들의 명단을 공개했다. 그리고 이듬해인 2006년 5월 3일 전년도 체납자 공개 명단 가운데 일부를 삭제한다고 새로이 공고했다. 체납자 중 일부가 명단 공고 뒤 세금을 납부하는 등 최초 공고 당시와 변화가 생겼기 때문이다. 그러나 2006년의 삭제 공고에도 불구하고 2005년 12월 22일자 관보에는 해당 내용이 삭제되지 않고 발행 당시 그대로 보존돼 있다. 관보가 온라인으로 서비스되고 있지만 정정과 삭제 방식에서 종이로 발행되던 시절의 관행이 그대로 유지되고 있는 것이다.

13. 아동·청소년의 성 보호에 관한 법률 시행령 제16조(공개정보 전용 웹사이트 운영 등), 제17조(실명 인증 및 열람 정보 관리).
14. 성폭력 범죄의 처벌 등에 관한 특례법 제45조(등록정보의 관리).

시효 개념의 무력화

아날로그 문서와 디지털 문서의 차이는 시공간의 한계라는 물리 법칙과 연관이 깊다. 이는 근본적으로 정보를 구성하는 요소가 각각 원자(atom)와 전자(bit)라는 점에서 비롯한다. 종이 문서는 기본적으로 제약을 갖고 있는 반면, 디지털 문서는 온라인과 결합해 시공간의 한계를 뛰어넘을 수 있다. 그중에서도 시간은 차이를 만들어내는 중요한 조건이다. 종이 문서는 시간의 흐름에 따라서 내용이 함께 노후해지지만, 디지털 문서는 전자적 형태로 돼 있어 시간의 흐름에 영향을 받지 않는다.

종이 문서가 시간이 지나면서 노후해진다는 점은 특정한 시간 안에서만 효력이 있다는 시효 개념과 관련을 갖는다. 시효는 기억력과 주의력의 한계를 안고 있는 인간 특성에 사회적 필요성이 반영된 개념이다. 일정 기간 동안에만 효력이 있고 특정 시점 이후에는 효력이 사라진다는 시효는 인위적으로 구성된 법률적 개념이기도 하다. 또한 일어난 지 오래된 일은 사람들의 기억과 관심에서 저절로 잊히거나 사라지는 자연 현상을 반영한 자연법적 개념이다.

시효는 기본적으로 정보가 시간과 맺는 관계에서 파생되는 문제이다. 대부분의 정보는 만들어진 뒤 시간이 지나면서 정확성과 적절성이 떨어진다. 결과적으로 가치가 감소해 만들어질 당시와 동일한 효력을 가질 수 없게 된다. 이처럼 시효는 어떤 사안에 관한 권리 주장이나 소송, 논란이 무한 반복되지 않도록 하는 기능을 갖고 있다. 재판 절차에서 일사부재리(一事不再理), 의회 운영에서 일사부재의(一事不再議), 미국 명예훼손 소송에서 단일공표원칙(single publication rule)의 기본 목표와 비슷하다.

정보에는 고유한 라이프사이클이 있어서 단계별로 속성이 달라진다. 대상에 대한 정확한 표상이면서 생성된 맥락에서 동떨어지지 않은 채 유지되는 상태가 1단계인 '전파 단계'의 정보다. 2단계는 '기록 단계'로 생성된 지 상당한 시간이 흘러 낡고 더 이상 정확하지 않게 된 정보다. 이 때문에 기록 단계의 정보는 검증을 필요로 한다. 데이터베이스나 아카이브로 변환해 기록하므로 일반적인 방법으로는 찾기 어렵다. 이 시기의 정보는 시간이 흐르면서 맥락을 잃어버려 가치가 떨어지고 위험해진다. 마지막 3단계는 '만료 단계'다. 이 단계의 정보는 본질이 달라졌지만 그대로 유지된다. 맥락을 떠났기 때문에 더 이상 유효하지 않아서 과거를 탐구하는 사료나 통계로서의 제한적 용도가 있을 따름이다.

정보가 만들어진 뒤 전파, 기록, 만료의 생애 주기를 거치면서 유효성을 잃어버림에 따라 만료된 정보를 갱신(업데이트)하려는 시도가 생겨났다. 특정 시점을 기준으로 편찬한 뒤 연감을 통해 발간 뒤의 정보를 업데이트하는 백과사전이 대표적이다. 《브리태니커 백과사전》은 주기적으로 연감을 통해 제작 이후에 생겨난 주요 정보들을 추가하는 방식으로 정보를 갱신해왔다. 그러나 이러한 종이 백과사전의 정보 갱신은 수시로 신규 정보를 추가하고 갱신하는 인터넷 백과사전과의 경쟁에서 밀려나 사실상 폐기됐다. 백과사전의 대명사로 통하던 《브리태니커 백과사전》은 2012년 3월 15일 발행 244년 만에 종이책 출판을 중단하고 이후로는 온라인으로 서비스할 것이라고 밝혔다. 대조적으로 새로운 정보를 추가적으로 반영하고 다양한 사람들에 의해 개방적으로 수정·편찬되는 비영리 형태의 개방형 온라인 백과사전인 위키피디아는 콘텐츠 확대와 이용 증가 현상이 나타나고 있다.

하지만 정보가 실제 활용되는 전파 단계를 지나 기록과 만료 단계의 정보라고 해서 무의미하고 무가치한 것만은 아니다.

전파 단계에서 가치를 드러내지 못했던 정보가 기록·만료 단계에서 가치를 드러낼 수도 있기 때문이다. 미래에 유용할 정보를 예측하기란 어렵다. 이러한 생각은 존 스튜어트 밀(John Stuart Mill)이 《자유론》에서 밝힌 사상의 자유 시장 이론과 표현 자유 이론에 기반하고 있다. 밀은 특정한 주장이 진리로 드러나는 것은 당장의 시점이 아니라 장구한 세월이 지난 시점일 수도 있다며, 이를 위해 다양한 논리와 주장이 보호받아야 한다고 주장한다. 그리고 이러한 사상 표현의 자유가 인류 발전을 가져오는 기제라고 설명한다.

시효는 로마법에 기원을 두고 있다. 시효의 초기 형태는 일정한 시간이 지나면 고소권이 소멸하도록 한 제도였다. 민사 분야에서 시효는 일정한 시간이 지나면 청구권의 효력을 잃게 함으로써 그동안 안정적 상태로 법적 평안이 유지돼온 것을 존중하고 과도한 법적 분쟁을 막기 위한 목적이었다. 이렇게 민사 영역에서 적용되던 시효는 이후 형사 분야로 확대됐다.

범죄 기소 기간 등에 시효를 도입하면 해묵은 범죄나 한때의 과오로 고소당할 위협에 시달릴 수 있는 잠재적 피고소자들을 보호할 수 있다. 증거주의 재판을 위해서는 시간이 흘러 증거물이 망실되는 것을 되도록 피해야 하기 때문에 무한한 처벌 시효 대신 한정된 시효를 가져갈 필요성이 있다. 또한 범죄자나 피의자도 무한한 처벌 시효에 대한 공포 없이 상당 기간 동안 법을 지키며 살면 사회에 포용될 수 있도록 하는 사회 통합 목적도 있다. 시효는 동일한 내용의 행위에 대해 시간의 경과를 이유로 처벌하지 않는다는 점 때문에 법률의 규범성과 국가의 형벌권을 강조하는 절대적 형벌 이론에서 비판을 제기했다. 하지만 소송의 경제성과 사회 통합 등을 고려한 소송법적 이론에서는 광범하게 채택해왔다. 중범죄에 대해서는 시효를 적용하지 않거나 길게 적용하고, 경범죄에 대해서는 짧게 적용하는 것도 시효 이론에서 비롯됐다.

시간이 지나면 정보의 유통과 전달 환경이 나빠져 해당 정보를 기억하는 사람들이 줄어든다. 그렇기 때문에 시효를 적용해 해당 정보를 삭제하거나 감추는 것에 대한 저항도 줄어들 수 있다. 그러나 디지털 정보는 시간이 지난다고 해서 정보를 담고 있는 물리적 매개체가 저절로 낡아 접근성이 떨어지는 것이 아니기 때문에 시효를 적용하는 데 저항의 정도가 아날로그 환경과는 다를 수 있다. 즉, 시효라는 법적 개념은 종이 문서 위주의 아날로그 환경에서 만들어진 것이기 때문에 디지털 환경에 적용하기 위해서는 새로운 검토가 필요하다. 이를 고려하지 않고 아날로그 시절의 시효를 디지털 환경에 그대로 적용할 경우 아날로그 시절에는 나타나지 않던 문제점들이 불거져 마찰을 빚을 수 있다.

이런 상황은 형벌의 집행이 끝난 뒤 이뤄지는 사면과 형 실효가 전형적이다. 형법과 형의 실효 등에 관한 법률은 수형인이 정해진 처벌과 배상 들을 완료한 뒤에 재판의 실효와 복권을 받을 수 있도록 하고 있다. 한때의 잘못이 한 개인의 사회적 삶을 영원히 구속해서는 안 되고 형의 집행이 과도해서는 사회 통합을 이룰 수 없다는 사회적 합의에 따른 것이다. 형의 실효 등에 관한 법률은 제1조에서 전과 기록 및 수사 경력 자료의 관리와 형의 실효에 관한 기준을 정함으로써 전과자의 정상적인 사회 복귀를 보장함을 목적으로 한다고 밝혀놓았다.

형의 실효와 사면은 정부의 각종 기록에서도 법적 처벌의 사실 기록을 삭제하는 조처로서 법적 처벌에 시효의 개념을 도입한 것이다. 무기징역을 비롯해 징역 3년 이상의 중범죄자도 형을 마친 뒤 10년이 지나면 전과 기록 등으로 인해 사회적 불이익을 받지 않도록 하고 있다.

형의 실효 등에 관한 법률이 제정·시행된 때는 1980년이다. 법의 제정 시기와 기술적 환경을 감안할 때 아날로그 종이 기록을 상정하고 만든 법이다. 아날로그 환경에서는 형의 실효가 적용될 경우 법의 제정 목적에 맞게 시간이 오래 지난 전과 사실로 인한 부당한 처벌을 면할 수 있었다. 그런데 인터넷이 널리 쓰이면서부터는 형의 실효로 정부가 보유한 각종 문서에서 처벌 사실을 삭제해도 과거 신문기사가 검색되는 경우가 생겨났다.

색인 기능의 변화

아날로그 문서와 디지털 문서를 구분 짓는 또 하나의 요소는 정보에 대한 접근성이며, 그 핵심은 식별 도구의 존재 여부다. 종이신문 1년치 스크랩과 전자신문 1년치를 놓고 특정 정보를 찾고자 할 때 아날로그와 디지털 정보의 차이는 분명해진다. 부식, 마모 등 물리적 한계가 없는 상황에서도 아날로그로 작성된 정보는 디지털 정보에 비해 식별성이 크게 떨어진다. 이는 접근성의 차이로 이어진다. 식별 기능, 즉 인덱싱(색인) 기능이 아날로그와 디지털 정보를 구별하는 핵심 요소다.

색인 기능은 오랜 시간에 걸쳐 발달해온 정보 검색 도구다. 색인 기능은 책이 등장한 뒤 상당한 시간이 지나서야 개발

됐다. 제대로 된 도서 수장 목록은 11세기에 등장했고 알파벳 주제어 색인 기능은 유럽에서 13세기에 출현했다. 17세기 이후 비로소 책에 쪽 번호가 매겨졌다. 주제어 색인과 쪽 번호가 결합하고서야 근대적인 도서 색인 기능과 비슷해졌고, 이는 인쇄 혁명으로 이어졌다. 근대적인 도서분류법으로 고안돼 전 세계에서 널리 채택된 듀이십진분류법(Dewey Decimal Classification, DDC)이 발표된 때는 1876년이다. 이처럼 책에 제목을 붙이고 십진분류법에 따라 분류하고 색인 기능을 개선해왔지만, 기본적으로 아날로그 형태의 정보는 색인을 만들고 검색하는 절차가 복잡하고 어려운 데다 많은 비용이 들어갔다. 대부분의 아날로그 정보는 연속적 구조로 이루어져 있어서 특정 정보를 찾으려 할 때 부가적 단서가 없으면 책 전체를 통독해야 했다. 책이나 신문뿐만이 아니라 음성이나 동영상 들도 아날로그 형태의 정보는 일일이 수작업으로 별도의 색인을 만들어야 그에 관한 정보를 찾을 수 있다.

정보가 책이나 신문, 영상의 형태로 기록·보관돼 있어도 색인 기능이 함께 제공되지 않으면 실제 이용률은 높지 않다. 컴퓨터를 통해 정보를 열람할 수 있더라도 인덱싱돼 있지 않으면 접근성은 크게 달라지지 않는다. 특정인의 이름을 찾을 때 과거 신문이 이미지 파일의 형태로 온라인에서 서비스되고 있어도 그 내용이 검색되지 않는다면 종이신문 스크랩과 접근성에서 본질적으로 큰 차이가 없다고 할 수 있다.

이처럼 정보의 접근성과 이용성을 높이는 핵심 기능은 색인을 통한 분류와 검색 가능성이다. 신문과 책 같은 아날로그 문서에서도 유목별 분류, 목차, 키워드별 분류를 통해서 식별성을 부여해 정보 이용을 지원했다. 하지만 아날로그 정보에서 식별 기능은 누락되는 부분이 많고 이를 이용하는 사용자도 완벽할 수 없다는 한계가 있었다. 특히 정보의 양이 늘어나게 되면 이러한 제한적인 식별 기능마저도 이용하기가 힘들어진다는 것이 근본적 한계다. 책의 색인 기능을 통해 특정한 내용이나 단어를 찾는 것이 3~4권의 책에서는 어렵지 않은 일이지만, 수만 권의 장서가 있는 도서관에서는 한계에 부닥치게 된다. 아날로그 정보는 해당 정보의 위치를 정확하게 찾을 수 있는 지식이 풍부한 이용자가 아니라면 접근과 이용이 어렵다. 하지만 디지털로 인덱싱된 정보는 해당 정보에 관한 사전 지식이나 정보가 없는 이용자라도 검색엔진에 키워드를 입력하면 수초 만에 해당 정보를 찾을 수 있다.

1980년대 말 미국연방대법원은 '실질적 모호성' 개념을 제시해 동일한 내용의 오프라인 아날로그 문서와 데이터베이스화된 디지털 문서를 구별했다. 미국연방대법원은 1989년 정부가 구축한 정보 데이터베이스에 대한 언론의 접근권 요구를 기각했다. 언론 자유를 위한 기자 평의회(Reporters Committee for freedom of the Press)는 정보자유법에 근거해 일반인이 접근 가능한 정보를 모아놓은 정부의 데이터베이스에 대한 접근권을 요구했으나 법원은 인정하지 않았다. 기자평의회는 미국연방수사국(FBI)이 구축한 범죄자 데이터베이스의 정보가 각급 법원이 공개한 재판 기록으로부터 수집한 것이기 때문에 이 데이터베이스 또한 언론에 공개해야 한다고 주장했으나 기각당했다.

미국연방대법원은 이 판결에서 일반인이 접근 가능한 공공 기관의 정보이지만 분류되지 않은 채 보존돼 있는 방대한 규모의 정보를 '실질적 비공개(practical obscurity)' 상태의 정보로 봐, 동일한 정보가 컴퓨터에 의해 분류되고 접근성이 높아진 데이터베이스와 다르게 취급했다.[15] 분류되지 않은 오프라인의 아날로그 정보를 인덱싱으로 체계화된 데이터베이스와 구분한 것이다. 재판부는 판결에서 접근성이 높아진 이유를 판단하는 데 있어서 데이터베이스가 온라인으로 제공되느냐 여부가 아닌 방대한 정보가 인덱싱돼 있느냐 여부를 근거로 삼았다. 이는 개별적으로 공개된 아날로그 형태의 정보를 집적된 형태의 인덱싱된 정보와 구별함으로써 아날로그 정보와 디지털 정보의 지위가 다르다고 인정한 판결이다.

하지만 이 판결을 통해 아날로그 문서와 디지털 문서의 다른 법적 지위가 완벽하게 확립됐다고 볼 수는 없다. 미국연방대법원이 2006년 개정한 전자 재판 기록에 관련한 정책 방향은 전자 파일 형태의 재판 기록과 그 이전의 아날로그 재판 기록에 대한 공중의 접근권을 동일하게 취급하도록 하고 있다. 이 정책 방향 문서는 기본적으로는 '공개된 것은 더 이상 사생활이 아니다

(public is public)'라는 미국 재판 기록 공개 관행을 재확인한 것이다. 그렇지만 전자적 접근에 있어서 기존 재판보다는 상대적으로 개인정보와 프라이버시의 비밀을 보호하고자 한다. 정책 방향 문서는 프라이버시와 관련성이 높은 경향이 있는 사회복지 관련 재판의 경우 일반인들이 재판 기록에 접근할 수 없도록 하고, 개인을 식별할 수 있는 정보(사회보장번호, 생일, 주소, 금융 계좌번호, 미성년 자녀 이름)를 삭제하거나 변경하도록 했다.

미국 법원이 이렇게 한 것은 공개재판과 재판 기록 공개라는 원칙을 유지하면서도 이로 인한 부작용을 줄이려는 조처다. 기본적으로는 종이로 된 재판 기록 공개의 원칙을 디지털 전자문서 환경에서도 유지한다는 것이고, 세부적으로는 개인정보 노출로 인한 피해를 막기 위해서 아날로그 문서에 집행하지 않던 삭제·수정 조처를 디지털 문서에 취한 것이다.

인덱싱하지 않은 방대한 정보를 실질적 비공개 상태라고 파악한 것은 디지털 정보의 핵심 특성이 인덱싱에서 비롯한다고 보는 관점이다. 인덱싱 기능에 의해 검색이 가능해진 덕분에 디지털 정보는 정보의 양에 압도당하거나 시간의 흐름이라는 영향으로부터 상당 부분 자유로울 수 있다. 디지털 정보도 집적된 정보량이 방대할 경우 원하는 정보를 찾는 데 필요한 시간이 늘어날 수 있지만, 인덱싱돼 있는 한 실제로는 거의 영향이 없다. 컴퓨터의 성능은 기본적으로 컴퓨터 칩의 연산 능력이 18개월마다 2배로 증가한다는 무어의 법칙에 따라서 크게 개선돼왔기 때문이다. 스마트폰 대중화로 방대한 정보가 만들어지고 정보 이용 수요가 높아지는 빅데이터 환경으로 나아갈수록 인덱싱 기능이 절대적으로 중요해진다. 미국연방대법원의 판단 논거는 인터넷 검색이 대중화된 뒤 과거 실질적 비공개 상태의 정보가 손쉽게 검색돼 유통되는 현상으로도 뒷받침된다.

디지털 문서의 인덱싱 기능은 그 효용을 적극 활용한 인터넷 검색엔진을 통해서 증폭됐다. 디지털 문서는 단순히 자신의 문서 내부에 대한 검색 기능을 제공하는 것을 넘어 해당 문서가 검색되고 유통될 수 있는 새로운 유통 경로를 만들었다. 이 유통 경로가 인터넷과 검색엔진이다. 인터넷과 검색엔진은 원래 문서가 존재하던 고유의 장소가 아닌 제3의 장소에서 광범하게 유통·이용될 수 있는 경로를 만들어냈다.

15. 미연방대법원은 판결에서 'practical obscurity'를 핵심 논거로 제시했다. 이 책에서는 주로 '실질적 모호성'으로 번역했지만 문맥에 따라 '실질적 비공개'라는 표현을 병행한다. 일부 연구자는 이를 '실질적 잊힘'이라고도 표현한다.

삭제 방법의 차이

종이 문서와 디지털 문서는 콘텐츠의 삭제 방법에서도 차이가 난다. 책이나 신문 같은 아날로그 문서는 하나하나 물리적으로 삭제를 해야 한다. 문서가 제한된 범위에 소량만 유통됐을 경우 이를 회수해서 삭제할 수 있지만, 널리 유통된 경우에는 현실적으로 불가능하다. 예를 들어 한 신문사가 신문 100만 부를 발행했다면 오보가 드러나더라도 해당 내용을 삭제하는 것은 사실상 불가능하다. 이미 독자들에게 배포된 분량이 많을 경우 이를 전량 수거하는 것부터가 가능하지 않다. 그렇다고 일부만 수거해 삭제하는 것은 무의미하다. 책은 유통 단계에서 수거해 수정하거나 정오표와 정정본을 배포하기도 한다. 하지만 신문은 이런 방법이 불가능하다. 신문은 넓은 지역에 동시에 배포하고 사용 뒤 대부분 폐기하는 시한부 상품이기 때문이다.

이런 특성은 신문을 폐기하지 않고 기록으로 보존하고 대중에 공개하는 도서관 같은 곳에서도 나타난다. 사용 뒤 폐기하는 대부분의 신문과 달리 도서관이나 기록 보관소 들에서는 신문철이나 마이크로필름의 형태로 신문을 보존한다. 하지만 이런 경우에도 오보를 이유로 기사를 삭제하는 일은 거의 일어나지 않는다. 신문사는 삭제 대신 '바로잡음(정정보도)'을 한다. 이렇게 하는 까닭은 대량의 인쇄물이 이미 배포돼 소비되고 사라진 상황에서 취할 수 있는 유일한 방법이기 때문이다.

그러나 디지털 문서는 보관과 유통, 삭제에서 종이 문서와 다른 특성을 갖는다. 디지털 문서는 컴퓨터 서버에 보관된 형태로 온라인을 통해 수많은 단말기나 이용자에게 전달될 수 있다. 서버의 용량과 네트워크 대역이 충분하다면 1대의 서버에 존재하는 단일 문서를 전 세계 인터넷 이용자가 이용할 수도 있다. 그리고 온라인 서비스가 이뤄지는 한 시간 제약 없이 언제라도 해당 문서에 접속할 수 있다. 따라서 수정과 삭제 역시 서버에 저장된 1건에 대해 실시하면 이 정보를 이용하는 사람들 모두에게 적용할 수 있다.

하지만 제3자에 의한 복제본이 존재할 경우 적용에 한계가 있고 실질적으로 작동하지 않을 수 있다. 디지털 문서는 원본과 복사본의 구분이 사실상 무의미하고 이메일과 SNS 들을 통해 손쉽게 공유된다. 애초 발행자나 공식 서비스 주체에 의해서만 보관·유통되는 것이 아니다. 따라서 수정과 삭제도 정보의 공유와 유통이 기본적으로 공개돼 있는 인터넷에서는 어려운 일이다. 제3자가 간단한 방법(copy and paste)으로 해당 문서의 사본을 자신이 관리하는 개인 영역에 간단히 옮겨놓을 수 있기 때문이다.

5 한국 언론과 잊혀질 권리

언론 중재에서의 잊혀질 권리

언론중재법의 피해 구제 청구 실태

인터넷이 주요한 매체 환경이 되면서 언론 중재 과정에도 변화가 생겨났다. 인터넷신문이 언론 중재 조정 대상이 된 첫해인 2005년에 인터넷신문에 대한 조정 청구는 48건으로 전체 조정 신청 건수의 5.4%를 차지했다. 이후 인터넷신문에 대한 조정 신청 건수와 전체 조정 신청 건수에서의 비중이 늘어났다.

2006년 77건으로 전체의 7.1%, 2007년 113건으로 10.8%, 2008년 157건으로 16.5%, 2009년 233건으로 14.8%, 2010년 567건으로 25.7%, 2011년 705건으로 33.2%, 2012년 945건으로

〈표 3〉 최근 9년간 매체 유형별 언론 조정 신청 현황

구분 / 연도	청구 건수	신문	방송	잡지	통신	인터넷 신문	인터넷 뉴스 서비스	기타
2005	883	609 (69.0)	172 (19.5)	33 (3.7)	18 (2.0)	48 (5.4)		1
2006	1087	723 (66.5)	216 (19.9)	54 (5.0)	17 (1.6)	77 (7.1)		
2007	1043	634 (60.8)	250 (24.0)	10 (1.0)	30 (2.9)	113 (10.8)		6
2008	954	554 (58.1)	189 (19.8)	12 (1.3)	33 (3.5)	157 (16.5)		9
2009	1573	632 (40.2)	459 (29.2)	27 (1.7)	38 (2.4)	233 (14.8)	181 (11.5)	3
2010	2205	540 (24.5)	189 (8.6)	24 (1.1)	42 (1.9)	567 (25.7)	841 (38.1)	2
2011	2124	586 (27.6)	250 (11.8)	9 (0.4)	62 (2.9)	705 (33.2)	510 (24.0)	2
2012	2401	665 (26.6)	243 (10.0)	11 (0.5)	83 (3.5)	945 (39.4)	454 (18.9)	
2013	2433	522 (21.5)	288 (11.8)	10 (0.4)	112 (4.6)	1130 (46.4)	369 (15.2)	2

출처: 언론중재위원회 2005~2013년 연간 보고서, ( )안은 비율, 단위 %

39.4%, 2013년 1130건으로 46.4%를 기록했다(〈표 3〉). 2009년부터 인터넷 뉴스 서비스가 중재와 조정 대상이 되면서 조정 신청도 크게 늘어났다. 최근 4년간 인터넷 기반 미디어에 대한 조정 신청이 절반을 넘어섰다.

언론중재법에서 피해 구제 청구권을 4가지로 한정했기 때문에 언론중재위원회에 접수되는 조정 및 중재 신청은 4가지로 분류된다(〈표 4〉).

〈표 4〉 언론 피해 구제 청구권별 비중

연도 / 청구명	2011		2012		2013		합계	
	청구 건수	비율 (%)	청구 건수	비율 (%)	청구 건수	비율 (%)	청구 건수	비율 (%)
정정보도	1004	47.2	1223	50.9	1195	49.1	3422	49.2
반론보도	168	8.0	315	13.1	274	11.3	757	10.9
추후보도	148	7.0	69	2.9	180	7.4	397	5.7
손해배상	804	37.8	794	33.1	784	32.2	2382	34.2
계	2124	100	2401	100	2433	100	6958	100

출처: 언론중재위원회

4가지 청구권과 별개로 언론중재위원회를 통한 조정과 중재 과정에서는 다양한 요청과 구제 수단이 활용된다. 연도별 〈언론조정중재·시정권고 사례집〉에 보고된 언론 피해에 대한 구제 수단은 다양하다. 그중에서 기사 삭제·수정은 인터넷신문과 인터넷 뉴스 서비스에 대한 피해 구제에서 중요한 구실을 하고 있다. 다른 피해 구제 수단과 달리 기사 삭제·수정은 인터넷 매체에 고유하다.

언론 중재 과정에서 기사를 삭제한 사례는 2005년에 처음 등장했다.[1] 친동생을 살해한 혐의를 받고 구속 기소됐으나 1심, 2심, 대법원에서 모두 무죄 판결을 받은 신청인이 언론중재위원회에 손해배상 조정을 신청한 기사다. 이 사례는 인터넷 환경에서 기사 삭제의 조건에 대한 중재 기구의 기준과 판단을 제공했다.

당사자들의 기사 삭제 수용

언론 중재에는 신청인, 언론사, 언론중재위원회 등 세 당사자가 있다. 기사 삭제·수정을 새로운 언론 피해 조정 수단으로 제시하는 현상은 세 주체 모두에게서 나타나고 있으며 적용 사례도 늘고 있다.

언론 중재 조정 과정에서 신청인이 직접 요청한 첫 사례는 2006년 잘못된 보도에 대해 800만 원의 손해배상 청구와 함께 해당 기사 삭제를 요청한 사건이다.[2] 2005년 첫 기사 삭제 사례가 있지만 이는 손해배상 청구 조정 과정에서 합의의 산물이었다. 이후 언론 중재 과정에서 신청인들의 기사 삭제 및 수정 요청 사례는 지속적으로 늘어난다.[3]

합의를 이루는 조정 과정에서 신청인이 애초에 요구하지 않았던 기사 삭제를 수용하는 사례들도 확인됐다. 보도 피해에 대해 신청인이 손해배상을 청구한 사안이었으나 조정 과정에서 피신청 언론사가 기사를 삭제하는 조건으로 각각 신청을 취하·합의한 사례(서울2006조정492, 서울2006조정526)와 신청인이 정정보도를 청구했으나 기사 삭제를 받아들여 합의한 사안(2007서울조정85)이다.

정정보도나 손해배상을 청구한 신청인들이 조정 과정에서 기사 삭제를 조건으로 조정 신청을 취하하는 경우도 많다. 2012년 한 가수와의 결별 사실 보도 과정에서 실명이 공개된 패션디

자이너는 모두 85개 언론사를 상대로 손해배상 청구를 신청했지만, 조정 과정에서 기사 삭제·수정을 이유로 85건의 손해배상 청구를 모두 취하했다.[4)]

해당 기간 신문과 방송에 대한 조정 청구 결과 피해 구제율은 평균 63.0%(신문 67.7%, 방송 58.2%)로 나타났고, 인터넷 기반 매체에 대한 피해 구제율은 평균 80.4%(인터넷신문 73.7%, 인터넷 뉴스 서비스 87.0%)로 조사됐다. 인터넷 기반 매체의 피해 구제율이 신문과 방송에 비해 17.4%포인트 높았다. 또한 신문, 방송에 비해 인터넷신문, 인터넷 뉴스 서비스에 대한 조정 신청 취하율이 21.2%포인트 높았다. 이 결과로 기사 삭제·수정이 한 요인으로 작용했음을 알 수 있다. 기사 삭제·수정은 기본적으로 인터넷 기반 매체에서만 작동하는 피해 구제 수단이며, 조정 대상 기사로 인해 신청인들이 미래에 입을 피해를 제거할 수 있는 특성이 있다.

언론사들이 조정 과정에서 기사 삭제·수정을 받아들이고 있는 사례들도 확인됐다. 〈국민일보〉는 정정보도 청구 조정 과정에서 부정확한 내용을 인터넷에서 수정하고 반론보도를 조건으로 취하에 합의했다(2006서울조정249). 정정보도를 요구받은 신문사가 조정 과정에서 해당 기사를 지면에 보도한 뒤 인터넷 홈페이지에서 자발적으로 수정한 사례다. 잘못된 신청인 사진을 보도한 〈중앙일보〉는 신청인의 정정보도 청구에 대해 신청인 사진 삭제를 조건으로 합의했다(2006서울조정328). 또한 사건번호 '2006서울중재1'에서 언론중재위원회는 언론사가 나중에 인터넷 포털 사이트에서 기사를 삭제한 점 등을 고려해 손해배상 청구액 3000만 원을 700만 원으로 결정한다고 밝혔다.[5]

언론중재위원회가 기사의 삭제·수정을 적극 받아들이고 있는 현상도 나타나고 있다. 언론중재위원회는 2008년 조정결정문에서 조정 대상 기사를 삭제한 경우 정정 및 반론보도문 게재와 동일한 효력이 있는 조치로 간주한다고 밝혔다.[6] 그리고 2009년에는 정정·반론·추후보도 등의 중재 결정을 내리면서 중재 대상 기사를 이미 삭제한 경우는 이행할 필요가 없다고 밝혀, 기사 삭제가 정정·반론·추후보도에 준하는 법률적 효력을 갖는다는 것을 다시 확인했다.[7] 중재 화해 결정에서도 중재 대상 기사에 대해 인터넷 삭제 결정이 내려졌다(2009서울중재32). 또한 언론중재위원회는 정정보도 청구 사건에서 직권으로 중재 대상 기사와 인터넷 포털에 게재된 기사를 수정하라는 중재 결정을 내렸다(2009서울중재15).

기사 삭제 수용의 과제

언론 중재 절차에서 기사 삭제가 이뤄지는 상황은 한국의 고유한 법제와 연관해서 이해해야 한다. 언론중재위원회는 조정과 중재 기능을 갖춘 준사법적 기관으로 국내 고유의 언론 피해 구제 기관이다. 인터넷 게시 글 삭제를 가능하게 하는 정보통신망법의 임시조치 조항도 한국에 있는 법률이다. 이해 당사자가 정보통신망법 제44조 제3항의 임시조치 조항을 활용해 일방적으로 기사를 삭제할 수 있다. 유럽이나 미국과 다르다. 한국 고유의 법제는 언론과 개인 모두 유럽이나 미국처럼 폭넓게 표현 자유를 보장받기보다 권리 침해 발생 시 기사 삭제 등을 가능하게 하는 구제 절차를 두고 있다. 언론중재법에 기사 삭제 청구권이 없지만 중재 절차에서 세 당사자에 의해 받아들여지는 것을 보면 알 수 있다.

기사 삭제 청구권을 언론중재법에 도입해 조정 대상 기사를 삭제하거나 수정하기 위해서는 선결 과제들이 있다.

첫째, 기사 삭제 청구권이 어떤 경우에 행사되는지에 대한 규정이 마련돼야 한다. 이를 위해서 기사 삭제·수정에 대한 명확한 개념 정립과 적용 대상이 구체화돼야 한다. 신청인이 어떤 종류의 피해를 입었을 때 기사 삭제·수정을 요구할 수 있는지에 대한 명료화가 필요하다. 예를 들어 오보를 대상으로 한 청구권과 관련해 언론중재법에 기사 삭제 청구권을 신청인이 추가로 요청할 수 있는지에 대한 검토를 통해 구체적 요건을 마련해야 한다. 오보에 대해서 신청인이 정정보도와 기사 삭제 청구 가운데 하나를 선택하도록 할 것인지, 정정보도 뒤 일정 기간이 지나면 기사가 삭제되도록 두 청구권을 동시에 행사하도록 할 것인지도 검토해야 한다. 종이신문을 통해서는 정정보도를 내보내고 인터넷 서비스는 삭제하거나 검색을 차단하는 경우를 허용할지도 고려해야 한다.

앞서 살펴본 조정 결정 사례에서 언론중재위원회는 정정보도만이 아니라 반론보도와 추후보도에서도 언론사가 이미 기사를 삭제한 때에는 해당 결정을 이행할 필요가 없다고 결정한 바 있다. 하지만 언론사의 자체적 기사 삭제가 정정·반론·추후보도의 이행을 갈음할 수 있다는 중재 기구의 판단은 새로운 형태의 부작용을 낳을 수도 있다. 공개적으로 보도되고, 기록으로 보존돼야 할 기사가 언론사의 자체적인 판단에 따라서 사라질 가능성이 있기 때문이다. 하지만 기사 수정은 문제된 부분을 수정하는 것이기 때문에 삭제와 같은 부작용이 없다. 법적 근거도 찾을 수 있다. 언론중재법 제15조 제1항은 정정보도 청구 대상이 된 기사가 인터넷 서비스되고 있을 경우 정정보도문과 함께 인터넷 기사에 대한 정정 청구를 하도록 규정하고 있다.

둘째, 기사 삭제·수정 청구권을 도입하기 위해서는 절차적 투명성이 필요하다. 그동안 언론중재위원회를 통한 기사 삭제 조정 결정은 당사자 간 합의를 기반으로 이루어지면서 절차적 투명성이 갖춰지지 않았다. 신청인의 피해 구제 신청이 제기된 기사에 대해 삭제 결정이 이뤄지면 언론사는 기사를 삭제할 뿐 공지하거나 기록으로 남기는 절차가 없었다. 언론중재위원회가 펴내는 연도별 〈언론조정중재·시정권고 사례집〉에 기사 삭제에 관한 간접 기록이 남아 있을 따름이다.

기사 삭제는 언론중재법에서 규정한 청구권이 아닌 까닭에 언론중재위원회가 발간하는 자료에서도 분류 항목이 아니다. 부가적 합의 내용의 일부로 기록돼 있을 뿐이다. 언론중재위원회에 신청이 제기되기 전에 언론사가 자체적으로 기사를 삭제했거나 신청인의 요구에 따라 삭제했을 때에는 언론중재위원회 자료집을 통해서도 파악할 수 없다. 일부 언론사만이 자체적으로 기사 삭제와 수정 사례를 공개하고 있다. 〈연합뉴스〉는 고충처리인 활동 사항 공개를 통해 홈페이지에서 신청인의 기사 삭제 요청과 수정 요청에 대한 처리 사실을 밝히고 있다.

기사 수정도 절차적 투명성 측면에서는 기사 삭제와 비슷하다. 언론중재법 제15조 제1항은 정정보도와 함께 인터넷상의 보도 내용에 대한 정정을 청구할 수 있도록 하고 있다. 언론중재위원회의 2005~2013년간 자료집에서 파악된 기사 수정 사례 163건은 정정보도 청구권 실행 과정에 따른 기사 수정이 아닌 별개의 기사 수정 합의다. 이 경우도 기사 삭제와 마찬가지로 보도 매체를 통해서 수정 사실이 공표되지 않았다.

셋째, 적용 시한을 언제까지로 정할지의 문제다. 언론중재법과 언론중재위원회는 기사에 대한 피해 구제 청구 시한의 설정에 있어서 오프라인 언론과 온라인 언론을 구분하지 않는다.[8] 이는 논란의 여지가 있다. 현행 '보도 이후 6개월'은 이 기간에 피해가 집중된 오프라인 환경의 언론을 염두에 두고 제정된 규정이다. 하지만 인터넷 환경에서는 피해 발생이 보도 이후 6개월에 국한되지 않는 만큼 청구 시한의 연장이 필요하다. 이 기간을 얼마나 연장할지, 과거 기사에 대해서도 기한 연장을 소급할지에 대한 논의가 필요하다.

넷째, 기사 삭제를 구현하는 기술적 방법에 대한 검토가 필요하다. 곧, 삭제 청구권을 도입할 경우 대상 범위와 실행 방법의 문제다. 우선, 잘못된 내용만을 지우거나 블라인드할지, 기사 전체를 삭제할지에 대한 검토가 필요하다. 또한 언론사 자체 데이터베이스와 포털, 언론진흥재단 등 외부 데이터베이스를 별도로 운영할 경우 두 곳에 대해 동일한 삭제 요청을 할지, 언론사의 자체 데이터베이스는 차등 적용할지에 대한 검토도 필요하다. 중재위에서 기사 삭제와 검색 배제 조정 결정이 내려진 사안에서 신문의 PDF 형태는 예외로 둔 사례가 있다.[9] 이는 이미 언론중재위원회를 통한 기사 삭제 조정 결정에서 기사의 보존성과 접근성을 분리해 기사의 인덱싱으로 인한 피해 구제에 주력하고 있음을 보여준다.

절차 개선이 필요하다

현재의 기사 삭제와 수정은 중재 과정에서 당사자 간 합의를 기반으로 한 조정의 형태로 이뤄지고 있다. 법적 근거와 절차적 투명성을 확보하지 못하고 있는 것이다. 독자와 신청인 입장에서는 개선이 필요하다.

공개적으로 보도된 기사가 비공개로 삭제되는 절차는 이용자 관점에서 문제가 있다. 공식적인 피해 구제 청구권에 기사 삭제가 포함돼 있지 않기 때문에 신청인은 제3의 청구권을 활용해 기사 삭제를 요청해야 한다. 이는 피해 구제를 입법 취지로 하는 언론중재법에 맞지 않는다. 언론중재법이 미디어 환경을 제대로 반영하지 못한다는 것이며, 이는 결국 언론에 대한 신뢰 저하로 이어질 것이다. 기사 삭제 청구권 제도화가 필요한 까닭이다.

다만, 유럽이나 미국과 달리 국내의 고유한 언론 중재 제도에 기사 삭제가 공식 청구권으로 제도화될 경우 언론 자유 침해로 이어지지 않도록 구체적 조건의 명료화와 언론계 차원의 논의가 필요하다. 언론에 대한 새로운 규제의 부과가 아닌, 기존의 피해 구제 절차에서 불투명하게 이뤄져온 관행을 명료하게 해서 언론중재법의 입법 취지를 구현해야 한다.

1. 언론중재위원회는 2006년부터 홈페이지를 통해서 직전 연도의 조정 및 중재 사례를 연차보고서 형태로 공개하고 있다. 인터넷신문을 중재와 조정 대상으로 포함한 언론중재법은 2005년 8월 7일부터 시행됐고, 첫 기사 삭제 결정은 2005년 11월 10일 사건번호 2005서울조정137에서 인터넷 포털에 대해 내려졌다.
2. 〈2006년도 언론조정중재·시정권고 사례집〉, 사건번호 2006서울조정411.
3. 사건번호 2008서울조정170, 2008서울조정188, 2008서울조정266.
4. 언론중재위원회 〈2012년도 언론조정중재·시정권고 사례집〉, 543~554쪽. 모두 85건의 손해배상 청구 사건에서 노출된 실명을 수정하는 내용으로 8건만 수정이 이뤄지고 나머지 77건은 조정 대상 기사가 삭제됐다. 신청인은 기사 삭제와 수정을 조건으로 85건의 손해배상 청구를 모두 취하했다.
5. 신청인을 '된장녀'로 묘사한 보도에 대해 명예훼손과 초상권 침해를 다룬 사안이다.
6. 언론중재위원회, 〈2008년도 언론조정중재·시정권고 사례집〉(2009), 사건번호 2008서울조정118의 정정 청구에 대한 '조정에 갈음하는 결정조서', 318쪽.
7. 언론중재위원회는 2009년 중재 결정에서 직접 기사 삭제·수정을 중재 수단으로 도입하는 첫 판단을 내렸다. 언론중재위원회, 〈2009년도 언론조정중재·시정권고 사례집〉(2010), 사건번호 2009서울중재10 정정 청구에 대한 '중재화해 결정문', 958쪽.
8. 언론 중재 및 피해 구제 등에 관한 법률 제15조 제8항에서는 다만 신문, 방송에 대해서와 달리 인터넷신문과 인터넷 뉴스 서비스에 대해 보도 내용과 기사 배열 기록을 6개월간 보존할 것을 규정하고 있다.
9. 사건번호 2009서울조정290의 조정 내용 일부. "…피신청인은 2009년 7월 23일까지 인터넷 〈조선일보〉에 게재된 조정 대상 기사 중 신청인들의 초상이 담긴 사진을 모두 삭제하기로 한다. 단 PDF 서비스는 제외한다. 피신청인은 2009년 7월 23일까지 해당 사진이 포함된 조정 대상 기사가 각종 포털사이트에서 검색 기사로 검색되지 아니하도록 조치한다."

언론사들의 기사 삭제 실태

언론사 공개 자료에 나타난 기사 삭제

〈국민일보〉, 〈동아일보〉, 〈조선일보〉, 〈중앙일보〉, 〈한겨레〉 등 일부 언론사는 고충처리인 활동 내역 공개에서 접수 사안의 구체적 내용과 처리 결과를 공개하고 있다. 이들 신문사가 공개한 고충 처리 실적에서는 기사 수정·삭제를 요청하는 사례도 여럿 포함돼 있다.

일부 언론사는 묵은 기사와 인터넷 기사 수정·삭제 요청에 대한 처리 가이드라인을 공표하지 않았지만, 고충처리인 활동 내역을 통해서 간접적으로 파악할 수 있다.[10] 그중에서도 〈연합뉴

〈표 5〉〈연합뉴스〉의 묵은 기사에 대한 기사 수정·삭제 요청 결과

접수 시점	보도	요청 대상 기사	피해 구제 요청 내역	처리 결과
2013. 1. ~ 2013. 12.	1994. 1. 7.	경찰관 남편 과로사에 배우자 실명 노출	단순 과로사 기사에 노출된 가족 이름 검색돼 피해, 삭제 요청	기사 삭제
	1994. 11.	조직폭력배 일제 단속 기사에 실명 노출	철없던 시절 일에 죗값 치렀으며 자식 알까 두렵다며 삭제 요청	기사 삭제 (DB 유지)
	1993. 1. 8.	'지난해 이어 새해 초부터 표절 시비 재연' 기사	30년 전 일로 고통, 아이들에 상처 두렵다며 삭제 요청	기사 삭제
	2009. 12. 9.	'4·19민주혁명회 임시총회' 기사와 사진	이름 사칭한 단체를 상대로 승소했으나 기사 검색돼 피해, 삭제 요청	기사 삭제
	2008~2009.	육군 전환 신청 전투경찰 관련 재판 기사	공인 아닌데 실명, 방통심의위 통해 삭제 요청	기사 수정 (익명화)
	1990.	화재 사건으로 4명의 자식 사망	민원인 실명, 주소 노출된 기사 삭제 요청	기사 삭제
	1993.	'상대 운전자 폭행한 스님 영장' 기사	공인 아닌데 실명 노출돼 피해, 삭제 요청	기사 수정 (DB 유지)
	2012. 7. 31.	'대전 경찰, 연구비 횡령 의혹 교수 6명 수사' 기사	검찰 불기소처분으로 수사 종결한 사안이 검색돼 피해, 삭제 요청	기사 삭제
	2003.	총리 비서실장이 서울시 정무부시장 시절 뇌물 사건 기사화	최종 판결 집행유예이고 불이익 받고 우울증 시달려, 삭제 요청	요청 기각 (공인 신분)
	2013. 11. 19.	'적극적 거부 없어도 허락 없이 만지면 추행' 기사	비공개 판결에서 미성년 성폭력 피해자 나이, 정황 노출돼 2차 피해 우려, 기사 삭제 요청	기사 삭제 (DB 유지)

접수 시점	보도	요청 대상 기사	피해 구제 요청 내역	처리 결과
2011. 12~ 2012. 12	2008. 3. 15.	'가짜 · 비인증 학위 660명 적발' 등 3건	대법 무죄 확정 판결에도 불구하고 포털에서 검색, 삭제 요청	기사 삭제
	1997.	히로뽕 상습 투약 의사 영장	포털에 피의자 신분 노출, 삭제 요청	해당 부서와 상의해 처리
	1998. 12. 14.	전 항공사 직원, 윤락 조직에 일 관광객 예약 정보 판매	관련자의 실명 노출, 삭제 요청	기사 삭제
2010. 11~ 2011. 11.	1990. 6. 14.	어금니 목에 박혀 숨져	검찰 무혐의 처리, 삭제 요청	기사 삭제
	2006. 1. 22.	'내 펀치 어때' 사진	사진 노출로 스트레스, 포털에 삭제 요청	기사 삭제
2009. 11~ 2010. 10.	1998. 6. 2.	대학로 카페서 음란 비디오 상영	허위 사실로 무죄 확정, 삭제 요청	기사 삭제
	1999. 11. 2.	원장이 애육원 운영비 가로채	포털에서 기사 삭제 요청	요청 기각
2007. 9~ 2008. 9.	2000. 5. 30.	B 복지법인, 시립 수련관 수입금 2억여 원 횡령	포털 노출로 이미지 훼손, 삭제 요청	요청 기각
2007. 1~8.	2000.	제목 적시 안함 (재판 결과 보도)	포털 검색에 노출돼 불이익, 삭제 요청	요청 기각 (공개재판 결과 보도)
	2003.	'고교 과학 발명회' 사진	사진이 뚱뚱해 놀림감, 삭제 요청	요청 기각 (공개석에서 다수 상대 설명)

출처: 〈연합뉴스〉 고충 처리 실적 재구성

스〉에 관련 사례가 풍부하다(〈표 5〉).

〈연합뉴스〉는 2006~2013년 고충처리인 활동 보고에서 묵은 기사에 대한 수정·삭제 요청을 모두 20건 접수받아 처리한 내용을 공개했다.[11] 이 중에는 보도된 지 30년, 20년이 지나서 관련자를 빼고는 거의 기억에서 사라진 기사에 대한 피해 구제 신청과 처리 결과가 있다. 사실에 입각한 보도이고 중재 청구 기한이 지난 이들 기사에 대해 해당 언론사는 법적 처리 의무가 없다. 그럼에도 20건의 요청 가운데 15건에 대해 수정·삭제가 이뤄졌고, 5건에 대해서는 거부됐다. 특히 2013년에 고충 처리 실적으로 공개한 10건은 모두 과거 기사의 삭제·수정을 요구하는 사안이었으며, 그중 공인을 제외한 9건의 요청이 받아들여졌다.

이 사례에서 〈연합뉴스〉의 기사 삭제 기준이 드러난다. 〈연합뉴스〉는 기사가 오보인 경우, 범죄 관련 보도 뒤 무죄·무혐의가 확정된 경우, 오래전 범죄 관련 보도에서 신원이 노출된 경우, 미성년자의 초상권 침해, 사진기사 등에서 본인이 원치 않는 방식의 묘사인 경우에 기사를 삭제했다. 또한 보도한 지 6개월 이내라는 정정·반론보도 청구 요건의 시한을 적용하지 않고 30년 전 기사에 대해서도 삭제했다.

그러나 사안별로 처리 기준이 균일하게 적용되지 않았음을 확인할 수 있었다. 〈연합뉴스〉는 11년 전에 보도한 납치 범죄 기사에 대해 당시 범인인 신청자의 기사 삭제 요청을 받아들였다. 하지만 다른 신청자가 청구한 7년 전 범죄 관련 기사에 대한 삭제 요청은 거부했다. 〈연합뉴스〉는 거부 이유로 공개재판 절차에 관한 사실 보도는 반론을 거부할 수 있다는 자체 고충 처리 규정을 제시했다.

고충처리인 활동 내역에서의 사례 확인을 통한 간접적 공개 외에 직접 묵은 기사의 인터넷 수정·삭제 기준과 사례를 공표한 언론사들도 있다. 〈한겨레〉, 〈조선일보〉, 〈중앙일보〉이다. 〈한겨레〉는 2006년 독자권익위원회의 논의를 거쳐 과거 기사를 인터넷에서 수정·삭제해달라는 관련자 요구를 처리할 내부 기준을 만들었다고 공표했다. 국내 언론에서 과거 기사 삭제와 수정에 대해 자체 기준과 적용을 밝힌 첫 사례다. 〈한겨레〉는 당시 ①최종심에서 무죄 판결이 나거나 무혐의임이 밝혀진 경우, ②오보, ③개인정보가 과도하게 노출된 경우에 당사자의 요청이 있으면 인터넷에서 기사를 수정·삭제하겠다고 밝혔다. 〈중앙일보〉는 2013년 고충처리인의 외부 기고를 통해 무죄로 판결난 과거 기사로 인한 인터넷 유통 피해에 대해 기사 삭제와 지면의 정정보도로 처리했다고 공표했다. 〈조선일보〉는 2013년 1월 인터넷 기사 수정·삭제에 관한 가이드라인을 만들어 시행한다고 사내에 공개하고, 일부 기사에 적용했다(〈표 6〉). 〈조선일보〉는 2009년 7월 2일 기사의 취재원이 얼굴을 삭제해달라는 신청을 받아들여 2013년 1월 2일 4년 전 기사의 사진에서 신청자 얼굴을 모자이크하는 등 16건의 기사를 수정했다. 〈조선일보〉가 공개한 기사 수정·삭제 가이드라인은 〈한겨레〉가 2006년 공개

〈표 6〉〈조선일보〉의 인터넷 기사의 수정·삭제 등과 관련한 가이드라인

항목	내용	처리 방법 및 기타
대상 기사	오보 및 실수가 있는 기사로 삭제 · 수정을 요청한 경우	담당 기자, 데스크 확인 즉시 처리
	취재원이 자신의 정보에 대한 삭제 · 수정 요청한 경우	고문변호사 등과 협의해 조치
청구 시한	제한 없음	
임시 조치	삭제 · 수정 요청 기사에 대한 확인 불가	최장 30일간 인터넷 접근 차단
공표 절차	요청자에게 처리 여부 고지 최초 기사 수정시 이유 기사에 고지 담당 부서 매달 처리 결과 편집국장 보고	

〈표 7〉 언론사별 기사 삭제 기준과 사례 공개

언론사	도입 시점	내용	공표 방식
한겨레	2006	오보, 무죄 무혐의 판결, 프라이버시 노출 경우	직접 공개(지면 칼럼 통한 외부 공표)
연합뉴스	2007	고충처리인 활동 사항에서 기사 삭제 사례 공개(2007~2013)	간접 공개(고충 처리 홈페이지)
국민일보	2009	고충처리인 활동 사항에서 기사 삭제 사례 공개(2009–2013)	간접 공개(고충 처리 홈페이지)
한국일보	2011	고충처리인 활동 사항에서 기사 삭제 사례 공개(2001)	간접 공개(고충 처리 홈페이지)
조선일보	2013	오보, 취재원이 자신에 관한 정보 수정 요청 시	직접 공개(사보 통한 공표)
중앙일보	2013	무죄로 판결 난 과거 기사	직접 공개(언론 중재 기고)

한 기준에서 절차를 한층 구체화했다.

기사에 대한 수정·삭제 절차와 기준을 공표한 언론사들이 소수인 것으로 조사됐지만, 필요성에 공감하고 기준을 만들거나 절차를 도입하는 언론사가 늘고 있는 것으로 파악됐다(〈표 7〉).

언론사별 차이

묵은 기사의 수정·삭제 요청에 대한 언론사별 처리 실태와 기준을 비교해볼 수 있는 곳은 네이버 뉴스라이브러리다. 네이버는 〈동아일보〉, 〈경향신문〉, 〈매일경제〉, 〈한겨레〉와 뉴스라이브러리를 구축해 서비스하고 있지만, 기사의 수정과 삭제는 해당 신문사의 결정으로 이뤄진다. 네이버는 삭제·수정 요청이 있을 경우 해당 기사를 보도한 신문사에 통보하고 그 결정에 따라 처리할 뿐 자체적으로 수정·삭제 여부를 결정하지 않는다. 그러므로 네이버의 운영 방식을 통해 뉴스라이브러리에서 제공되는 묵은 기사의 삭제에 대한 언론사별 방침을 파악할 수 있다.

첫 번째로 'A 씨 간통' 기사를 보자. 뉴스라이브러리를 통해 제공되는 3개 신문의 기사에는 간통 사건의 관련자인 A 씨와 B 씨에 관한 혐의 내용과 함께 이름과 주소 등이 명기돼 있다. 그리고 이는 네이버 통합검색 결과에 포함돼 나타난다.[12] 네이버는 2009년에 뉴스라이브러리 서비스를 시작했는데, 2년 뒤

인 2011년에 이 기사에 대한 관련자의 삭제 요청이 접수돼 일부 신문사가 기사 내용 가운데 일부분을 수정했다.[13] 〈경향신문〉은 A 씨에 대해서는 수정하지 않았지만 B 씨의 이름과 주소는 삭제(블라인드)했다. 〈매일경제〉는 B 씨의 이름과 주소, A 씨의 이름을 삭제해 해당 기사만으로는 내용을 파악하기 어렵게 했다. 그러나 〈동아일보〉는 삭제 요청을 받아들이지 않고 해당 기사를 발행 당시 그대로 유지했다.

〈경향신문〉과 〈매일경제〉의 'A 씨 간통' 기사에 대한 삭제 기준은 후속 보도에서도 똑같이 적용됐다. 〈경향신문〉은 1975년 2월 1일, 2월 5일, 2월 7일 후속 보도에서 A 씨의 이름은 유지했지만 B 씨의 이름은 삭제했다. 〈매일경제〉 또한 1975년 2월 1일 기사뿐 아니라 2월 3일, 2월 4일, 2월 18일 등의 기사에서 모두 A 씨와 관련자의 이름과 주소를 삭제했다.

하지만 〈경향신문〉은 네이버 뉴스라이브러리를 통해 제공하는 기사에서의 기준과 달리 언론진흥재단의 미디어가온을 통해 서비스하는 '1990년대 이전 기사 검색' 서비스에서는 아무런 내용도 수정하지 않았다. 미디어가온은 이 코너에서 〈동아일보〉, 〈경향신문〉, 〈한국일보〉, 〈서울신문〉을 서비스하고 있다. 이 서비스는 네이버 뉴스라이브러리와 달리 지면을 통째로 그림 파일로 변환한 PDF 서비스다. 그래서 날짜와 면 단위로 PDF 판을 열어볼 수 있을 뿐 기사나 키워드 검색이 불가능하다. 〈경향신문〉만이 아니라 〈동아일보〉, 〈한국일보〉, 〈서울신문〉도 미디어가온에서는 해당 기사를 수정하거나 삭제하지 않았다.

두 번째는 1990년 수협 회장 선거에 재출마한 수협 회장 홍○○ 씨가 대의원들을 매수해 당선한 사실이 드러나 구속된 사건 기사다. 대부분의 종합 일간지가 1면 머리기사로 사진과 함께 보도한 이른바 '공적 관심사'에 해당하는 기사다. 조사 결과 〈동아일보〉와 〈경향신문〉은 1990년 6월 23일 기사에서 홍○○ 씨의 이름을 제목과 본문에서 삭제했으나, 〈한겨레〉와 〈매일경제〉는 해당 기사를 수정·삭제하지 않은 채 발행 당시 지면 상태로 서비스하고 있었다. 〈동아일보〉는 1면 머리기사로 보도한 기사와 제목에서는 홍 씨의 이름을 삭제했지만, 기사 안에 포함된 홍 씨의 얼굴 사진과 이름은 삭제하지 않았다.

1990년의 홍 씨 구속 기사 삭제 처리 실태를 1975년의 A 씨 간통 기사 처리 실태와 비교하면, 언론사들의 과거 기사 처리 기준이 사실상 존재하지 않음을 알 수 있다. 두 기사를 모두 보도한 3개 신문사 가운데 1975년 기사에 적용한 기준을 1990년에도 일관되게 적용한 곳은 한 곳도 없었다. 1988년 창간한 〈한겨레〉는 1975년의 A 씨 사건을 보도할 수 없었던 까닭에 나머지 3개 신문과 동일한 기준으로 비교가 불가능하다.[14]

아래는 네이버 뉴스라이브러리를 통해 서비스 중인 과거 기사에 대한 언론사별 처리 실태를 살펴본 결론이다.

첫째, 조사 대상 3개 신문사들은 모두 과거 기사 삭제 요청을 부분적으로 받아들여 자사의 과거 기사에서 특정 부분을 삭

제(블라인드)하고 있다.[15)]

둘째, 3개 신문사는 묵은 기사에 대한 부분 삭제에서 신문사별로 서로 다른 기준을 적용했다. 특히 뉴스성 판단에 있어서 중요한 공인 여부에 대해서 3개 신문사는 모두 합리적 기준을 적용하고 있지 않았다. 3개 신문사 모두 공인의 삭제 요청을 받아들여 공인의 이름을 삭제했다.

셋째, 언론사들이 오래된 기사의 삭제·수정 요청에 대해 적용하는 기준은 한 언론사 안에서도 일관되지 않았다.[16)]

넷째, 네이버 뉴스라이브러리를 통해서 동일한 사안에 대한 기사가 언론사별로 다르게 블라인드된 채로 노출되고 있지만, 그 사유나 배경은 물론 블라인드 사실 자체도 독자에게 공개되지 않았다.

신문, 통신사, 방송의 차이와 인덱싱

인터넷에서 과거 기사 삭제에 대한 처리는 매체의 형태와 서비스 플랫폼에 따라 다르다. 동일한 내용의 뉴스라도 매체별 발행 형태와 보존 방식, 수용자의 접근 경로가 구분되는 방송, 통신, 신문에 따라서 차이가 있다.

신문은 인쇄 매체의 특성상 발행 뒤 수정에 대해 거부 성향이 강하다. 도서관이나 신문사의 PDF 서비스 등을 통해 발행 당시의 형태와 내용을 손쉽게 접근할 수 있는 신문은 과거 기사를 수정할 경우 그 사실이 쉽게 밝혀지는 특성이 있다.

그러나 통신사는 신문사에 비해 과거 기사 삭제 요청을 잘 받아들이는 편이다. 통신사는 일반인을 대상으로 한 인쇄 매체가 아니라 신문사와 방송사 등을 1차 고객으로 하는 속보 서비스 제공자이기 때문이다. 통신사는 속보를 제공하기 위해 1보, 2보, 상보, 종합의 형태로 직전의 기사를 대체하고 수정 및 보완 내용을 기록해 언론사에 전달한다. 그리고 1보의 내용이 불완전하거나 잘못된 경우가 많아 2보나 종합 등의 형태로 대체하곤 한다. 여기서 '대체'는 직전 기사를 삭제하고 새 기사를 출고하는 것을 말한다. 또한 통신 뉴스는 신문처럼 편집된 형태로 인쇄해 보관하지 않고 인터넷 데이터베이스를 통해 서비스하므로 신문사들에 비해 기사 삭제·요청에 관대한 편이다.

방송 뉴스는 신문사와 통신사보다 더욱 적극적이고 수용적인 태도를 보인다. 방송은 영상을 통해 관련자들의 얼굴을 공개한다는 점에서 종이신문이나 통신 뉴스와는 다른 기준이 적용된다. 지상파 3사와 뉴스 전문 방송은 시청자위원회, 시청자센터, 시청자상담실 들을 운영하며 수용자들의 요청과 지적을 받아들이고 있다. KBS는 시청자상담실을 통해서 수용자의 요청 사항과 그 처리 결과를 사안별로 공개하고 있다.[17] 시청자상담실에는 동의 없이 얼굴을 노출하거나 뉴스 화면에 잘못된 내용을 방송한 경우에 방송 제작진이 시청자 요구에 따라 인터넷 다시보기와 홈페이지에서 삭제·수정했다는 답변이 여럿 올라와 있다. 방송은 한번 방송한 화면을 자료화면으로 다시 사용하는 경우가 잦다. 또한 한번 보도한 기사를 고칠 수 없는 역사의 기록물로 간주하지 않는다. 이런 방송의 특성 때문에 과거에 보도한 뉴스라도 잘못된 부분이나 프라이버시 침해 요청이 접수됐을 때 인터넷 다시보기에서 삭제하곤 한다. 이는 각 사의 시청자 상담 코너 등을 통해서도 확인할 수 있다.

이처럼 신문, 통신, 방송이 과거 보도물의 삭제·수정 수용 태도에서 차이를 보이는 배경에는 활자, 속보 매체, 영상이라는 형태적 특성이 자리하고 있다. 그리고 여기에 제도적 차이점이 더해진다. 신문과 달리 방송은 방송법과 방송 심의에 관한 규정을, 통신은 뉴스 통신 진흥에 관한 법률을 추가로 적용받으며 정부로부터 재정적 지원과 허가를 받는다. 이처럼 기본적으로 신문, 방송, 통신은 인허가 방식 등 규제의 적용 범위가 각각 다르고 규제 원리에 있어서도 신문은 표현 자유의 보장, 방송은 공익성을 위주로 하는 특성이 있다.

인터넷에서 묵은 기사의 삭제 여부는 서비스 플랫폼에 따라서도 처리 결과가 달라진다. 1975년 1월 〈경향신문〉 'A 씨 간통 피소' 기사를 보자. 네이버 뉴스라이브러리에서는 삭제 요청과 블라인드가 이뤄졌지만 언론진흥재단의 미디어가온에서는 삭제가 이뤄지지 않았다. 이러한 차이는 기본적으로 인덱싱 기능에서 비롯한다. 언론진흥재단의 서비스는 인덱싱돼 있지 않아 보도 매체와 발행 일시, 게재 지면의 정보를 알아야 특정 기사를 찾을 수 있다. 네이버에서는 디지타이징과 인덱싱이 이뤄져 있어서 기사에 있는 단어를 검색하면 통합검색 결과를 통해 해당 과거 기사를 찾을 수 있다.[18] 검색엔진은 인덱싱된 정보를 기반으로 방대한 데이터베이스에서 키워드 입력만으로 정확한 정보를 찾아주는 것이 핵심 서비스다. 인덱싱된 정보와 그렇지 않은 정보는 접근성과 활용성 측면에서 본질적 차이가 있기 때문에 구별해야 한다. 그러므로 검색엔진에서 인덱싱 기능과 그 역할 범위에 대한 논의가 필요하다.

---

10. 〈국민일보〉와 〈한국일보〉는 인터넷 기사 삭제 가이드라인을 발표하지 않았지만, 고충처리인 활동 공개에서 기사 삭제 요청에 대한 처리 결과를 밝히고 있다. 〈국민일보〉는 2009~2013년 활동 내역에, 〈한국일보〉는 2011년 활동 내역에 기사 삭제 및 수정 요청 처리 내역이 나타나 있다.
11. 〈연합뉴스〉 고충처리인은 활동 사항 공표에서 구체적 사례로 적시한 것 외에도 해마다 수십 건의 고충 처리를 전화와 이메일로 상담 처리했다고 밝히고 있어 공표한 결과가 처리 결과의 일부임을 알리고 있다.
12. 발행 당시 지면과 현재의 네이버 뉴스라이브러리에서는 A씨와 B 씨의 이름이 실명으로 노출되고 있으나, 책에서는 프라이버시 보호를 위해 이들의 이름을 감춘다.
13. 이 기사와 관련된 당사자는 네이버 등 포털의 블로그 같은 인터넷 게시 글과 연관 검색어에 대해서도 삭제 요청을 했다. 인터넷자율정책기구는 '가수 A씨 간통'과 같은 연관검색어는 사생활 침해로 간주해 삭제하고 1975년 당시 기사를 옮겨 온 게시 글에 대해서는 언론 보도로 보아 삭제하지 않을 것을 결정했다(인터넷자율정책기구 정책결정 제2호 참조).
14. 〈한겨레〉는 1990년의 홍○○ 구속 기사에 대한 삭제 요청을 2012년 받았으나, 이 신문이 2006년 '편집국에서 독자에게' 칼럼을 통해 밝힌 과거 기사 삭제 기준에 해당하지 않아 삭제하거나 수정하지 않았다고 밝혔다.
15. 〈한겨레〉는 네이버 뉴스라이브러리에서 조사 대상 기사를 삭제·수정하지 않은 것이 확인됐지만 1988년 창간 이후부터 기사가 실려 있어 나머지 3개 신문사와 동일한 기준에서의 비교가 불가능했다.

16. 〈동아일보〉와 〈경향신문〉이 1990년 홍○○ 기사를 처리한 기사와 일련의 후속 보도에서 나타난 현상이다.
17. KBS 홈페이지 시청자상담실의 '제작진 답변' 사례(2013.5.3.)는 다음과 같다. 시청자의 의견(접수일 : 2013. 4. 25.)-"교차로 사고의 원인과 위험성에 대해 보도했다. 그런데 최근 교차로 사고가 급증했다고 말하면서 2012년 광주광역시 봉선동의 교차로에서 발생한 사고 장면을 자료화면으로 내보냈다. 본인은 해당 사고의 유가족이다. 가족들은 사고의 영상을 볼 때마다 가족을 잃은 가슴 아픈 기억이 떠올라 괴로울 때가 많다. 앞으로는 유족들을 배려해 해당 영상을 자료화면으로 사용하지 않도록 해주기 바란다." 경제부의 답변-"교통안전공단으로부터 자료화면으로 받은 블랙박스 화면은 영상편집부 리포트 모음 자료집에서 완전 삭제 조치해 앞으로도 일절 자료화면으로 사용할 수 없도록 했습니다. 광주총국 보도국에서 받은 촬영 자료는 본사에서 사용할 수 없도록 '화면 사용 금지' 조처를 내렸습니다. 인터넷 홈페이지에서 해당 뉴스를 삭제 조치했습니다."
18. 네이버에서 뉴스라이브러리에 대한 검색결과가 통합검색 결과에 포함돼 나타난 시점은 2010년 7월 29일부터다. http://dna.naver.com/notice/read/1000003448/1000000000020551624

외국 주요 언론의 사례와 기준

외국 권위지들이 인터넷에서 기사를 삭제하거나 수정하는 사례와 그 기준을 살펴보자. 특정 시점에서 언론의 보도는 완벽할 수 없으며, 당시에는 정확한 사실 보도라고 해도 시간이 지나 오보나 부정확한 보도로 밝혀지는 경우가 적지 않다. 이는 외국 언론도 마찬가지다.

대표적 권위지인 미국의 〈뉴욕 타임스〉는 기사 보도 뒤 인터넷에서 수정을 할 때 수정 사실과 내용을 상세하게 공개한다. 기사를 삭제하지 않는다는 원칙도 밝힌다. 2007년 8월 26일 〈뉴욕 타임스〉 시민편집인 클라크 호이트는 칼럼을 통해 무죄 판결을 받기 전 체포 기사 등 과거의 불완전한 기사가 인터넷에서 서비스되고 검색엔진을 통해 노출되는 피해 현상에 대해 "기사 삭제는 불가능하다"라는 입장을 밝혔다. 〈뉴욕 타임스〉의 보도 기준을 책임지고 있는 편집부국장 크레이그 휘트니(Craig Whitney)는 "역사적 기록에서 무엇인가를 제거하는 것은 크렘린의 사진에서 트로츠키를 지워버리는 역사 왜곡이 될 것"이라고 지적했다.

〈뉴욕 타임스〉의 이런 완고하고 엄격한 태도는 제이슨 블레어(Jayson Blair) 기자 사건에서 잘 드러난다. 〈뉴욕 타임스〉는 2003년 블레어 기자가 수년간 수십 건의 날조·표절 기사를 써온 것이 드러나 독자들에게 크게 사과했다. 하지만 표절과 날조기사로 드러난 블레어의 기사를 데이터베이스로 그대로 보존해 인터넷을 통해 서비스하고 있다. 다만, 기사 상·하단에 〈뉴욕 타임스〉 조사 결과 표절과 날조 기사였음이 드러났다는 정정과 알림을 덧붙였다.

〈뉴욕 타임스〉는 오탈자 등 단순 오류를 정정할 경우에도 기사 아래쪽에 '정정(Correction)' 알림을 통해 언제 무엇을 고쳤는지를 밝히고 있다. 이런 방식이 〈뉴욕 타임스〉에 국한된 것은 아니다. 세계적 권위지들 대부분은 비슷한 방식을 쓰고 있다. 〈워싱턴 포스트〉도 지면에 보도 기사를 온라인에서 고칠 경우 어떤 내용을 언제 고쳤는지를 알리고 있다. 영국의 주간지 〈이코노미스트〉도 마찬가지다.

그러나 세계 주요 신문들과 대조적으로 국내 언론사들은 인터넷에서 기사를 삭제·수정할 때 정보를 거의 제공하지 않는다. 〈조선일보〉가 2012년 9월 1일에 무고한 시민의 얼굴 사진을 성폭행범이라며 잘못 게재해 지면을 통해 사과한 기사는 인터넷에서 사진을 삭제한 상태로 서비스되고 있다. 하지만 해당 기사에 별도의 알림이 없다. 최초 기사 등록 시간과 수정 시간이 표시돼 있지만 어떠한 내용을 고쳤는지에 대해서는 알리지 않는다. 그저 인터넷신문의 시스템적 특성에 따라 기사의 등록과 수정 시간이 자동으로 기록돼 나타날 뿐이다.[19]

언론중재위원회의 조정 결정 과정에서 기사 수정을 조건으로 청구가 취하된 〈매경닷컴〉의 '유명 가수 사망 사건' 기사(2010년 3월 29일)를 살펴보자. 〈매경닷컴〉이 인터넷으로 제공하는 해당 기사 화면에서 15일 뒤 기사가 수정됐다는 시스템에 따른 정보만이 자동적으로 제공될 뿐 어떤 내용이 수정됐는지는 공개돼 있지 않다.[20] 해당 기사가 어떤 이유로 수정됐는지는 2011년 언론중재위원회가 펴낸 〈2010년도 언론조정중재·시정권고 사례집〉에서 신청인의 신청 사유로 나타나 있는 '고 김성재가 호텔에서 약물을 과다 복용해 사망했다고 보도하였으나 이는 사실과 다르다'라는 간략한 설명과, 언론사의 기사 수정으로 피해 구제 신청이 취하됐다는 정보가 전부다(2010서울조정790). 신청인의 요청 가운데 어떤 내용이 어떻게 수정됐는지에 관한 정보는 전혀 없다.

이처럼 언론사가 자체적으로 오보를 수정한 경우나 언론중재위원회의 조정 결정으로 기사를 수정한 경우 모두 어떤 내용이 어떻게 수정됐는지 독자에게 정보가 제공되지 않고 있다. 이는 국내 언론사의 일반적인 상황이다.

19. 조선일보, '병든사회가아이를범했다', 기사입력:2012.09.01 03:01, 수정:2012.09.02 10:35, http://news.chosun.com/site/data/html_dir/2012/09/01/2012090100209.html

20. 매경닷컴, '최진영 자살로 본 연예인 '자살 일지', 기사입력 2010.03.29 19:50:41, 최종수정 2010.04.13 11:29:35, http://news.mk.co.kr/newsRead.php?year=2010&no=159201

6

언론인들은 잊혀질 권리를
어떻게 생각할까

기사 삭제에 대한 생각

기사 삭제 사례

언론인들은 묵은 기사를 인터넷에서 삭제하는 문제에 대해서 어떻게 생각할까? 이를 알아보기 위해 22개 매체의 언론인 32명에 대한 심층 인터뷰를 실시했다. 인터뷰 대상은 종합 일간지, 경제지, 전문지, 방송사, 통신사, 인터넷 등에 종사하는 언론인이었다.

인터뷰 과정에서 일부 응답자들은 자신들이 관여했거나 기억하고 있는 기사 삭제 요청과 처리 결과를 소개했다. 이를 통해 언론중재위원회 연례 보고서와 각 언론사 고충 처리 결과 발표에서 수집한 공개 사례 외에도 상당수의 기사 삭제 사례가 있음을 알 수 있었다. 조사가 모든 매체의 다수 언론인을 대상으로 한 것이 아니라 소수를 대상으로 한 심층 인터뷰인 점을 고려하면, 기사 삭제 사례가 상당한 것으로 추정할 수 있다. 아래의 13건은 심층 인터뷰에서 파악된 사례의 일부다. 인터뷰 내용 가운데 중복되거나 비슷한 내용은 대표적인 답변으로 갈음했다.

사례 1) 한 대학생이 공모전에서 상을 받아 인터뷰 기사를 지면에 실었다. 여러 해 뒤에 인터넷에서 해당 기사의 사진을 지워달라는 요청을 받았다. 구직 활동에 어려움을 겪고 있다고 말했지만, 알고 보니 성형수술로 얼굴이 많이 달라졌기 때문이었다. 과거 신문에 실린 사진이 인터넷에 남아 유통되는 것이 부담스러워 삭제해달라는 것이었다. 삭제하지 않은 것으로 알고 있다.(전문지 A)

사례 2) 한 기업인이 표창 받은 기사에서 사진을 삭제해달라고 요청했으나 삭제하지 않았다. 알고 보니 이 기업인이 범죄에 연루돼 구속된 기사를 포털에서 검색하면 표창을 받은 기사가 관련 기사로 노출됐다. 범죄 기사엔 사진이 없지만 표창 기사엔 첨부돼 있다. 사진을 첨부한 범죄 보도 기사가 만들어지는 과잉 맥락화가 포털에서 이뤄지고 있는 것이다.(인터넷 C)

사례 3) 수년 전 보도한 기업 관련 기사에 대해 삭제 요청을 받았다. 기사에 문제가 없지만, 비슷한 사건이 발생하면서 과거 기사가 포털에서 관련 검색으로 노출돼 피해를 보고 있다는 호소였다. 데스크와 논의해 삭제했다.(종합지 G)

사례 4) 대학생이 책을 펴내고 누드 사진을 찍는 등 화제가 돼서 인터뷰했다. 얼굴 사진도 나갔는데 10년이 지난 뒤 인터넷에서 기사를 삭제해달라는 요청을 했다. 삭제하지 않았다. 인터뷰 기사 속성상 인터뷰 상대를 이니셜로 처리할 수도 없어 수정도 하지 않았다.(종합지 C)

사례 5) 연예인이 방송 활동 불편을 이유로 여러 해 전 기사 삭제를 요청했다. 알고 보니 개그맨을 하다가 가수와 탤런트로 변신하면서 성형수술을 했다. 자신의 과거가 인터넷에서 알려지는 게 부담이 된 것이었다. 공적 가치가 크지 않으나 개인에게는 피해가 갈 수 있다고 판단해 데스크로서 삭제를 결정했다.(인터넷 C)

사례 6) 동성애자가 커밍아웃을 해서 인터뷰했다. 그런데 몇 년 뒤 다시 이성애자로 복귀하고 결혼하려고 하는데 배우자 집안에서 자신의 과거를 알면 안 된다며 삭제를 요청했다. 이유가 합당하다고 생각해서 삭제했다.(종합지 C)

사례 7) 20년 전에 미국에 유학 중이던 여중생 자매가 한국에 잠시 들어왔는데 부모들이 모르고 실종 신고를 했다. '10대 소녀 가출'로 기사화되면서 실명이 공개됐다. 그런데 최근에 당사자들이 가출이 아니었고 다른 사정이 있었다고 설명했다. 결혼할 나이에 가출 기사가 부담되니 지워달라고 해서 그렇게 했다.(통신 A)

사례 8) 유명 폭력조직 두목이 1심에서 유죄, 대법원에서 무죄 판결을 받았다. 법정에 출두하는 사진이 보도됐는데 무죄 판결 기사에 수갑을 찬 사진이 남아 있어 자식 보기 민망하다며 삭제를 요청했다. 사내 법률 검토 뒤 삭제했다.(통신 B)

사례 9) 명문대생이 게임 관련 범죄로 1심에서 유죄 받은 것이 보도됐으나 대법원에서 무죄 판결을 받았다. 하지만 최종 판결은 보도되지 않아 인터넷엔 1심 기사만 있다. 당사자가 몇 년 전 기사 때문에 취직에 어려움을 겪고 있다고 호소해 삭제했다.(종합지 A)

사례 10) 수원의 한 어린이집에서 사고가 나서 기사화했는데 제목이 '수원어린이집'으로 나갔다. 이 고유명사를 상호로 쓰는 어린이집에서 피해가 있다고 수정을 요청해 제목을 고쳤다.(통신 B)

사례 11) 한여름 해수욕장 물놀이 장면을 찍어 저녁 뉴스로 내보낼 때 문제가 없어 별도 처리 없이 방송했다. 방송 당시 제작진이나 시청자 아무도 눈치채지 못했는데, 인터넷 다시보기에서 누군가 화면별로 끊어보기를 통해 한 여성의 수영복이 파도에 밀려 올라갔다 내려오면서 가슴이 순간 드러난 장면을 발견해 인터넷에 유포했다. 방송은 1초가 약 28프레임으로 구성되는데 그중 5~6프레임인 0.2초의 장면이어서 디지털 화면의 다시보기에서 발견된 것이다. 해당 영상을 삭제했지만 3000만 원 손해배상을 해야 했다.(방송 A)

사례 12) 2008년 국내 굴지의 대기업 경영 전략의 문제점을 비판하는 기사를 작성해 1면에 내보냈는데, 해당 기업 최고경영자가 두고두고 기사를 불편해하면서 신문사 간부에게 여러 차례 불쾌감을 표시했다. 한참 뒤 기사를 쓴 나와 상의나 동의 없이 회사 데이터베이스에서 기사가 삭제됐고 포털 검색에서도 사라졌다.(경제지 D)

사례 13) 초년 기자 시절 '한 공무원 목매 자살'이란 단순 자살사건 기사를 썼는데 유족이 기사화를 원하지 않는다며 삭제를 요청했다. 데스크가 나에게 알아서 처리하라고 위임했는데, 당시 나는 기사를 관련자 요청에 따라서 고쳐주면 안 된다고 생각해 "사실 보도이기 때문에 고쳐줄 수 없다"라고 버텼다. 지금은 유족의 심정이 이해되면서, 기사화할 경우라도 유족이 가슴 아파할 표현을 쓰지 않았으면 좋았을 것이라고 생각하고 있다.(통신F)

위의 사례 가운데 삭제·수정이 이뤄진 경우는 10건이다. 13건 대부분은 보도 사실에 관해 다툼이 없고 중재 청구 기한이 지났기 때문에 요청자는 피해를 호소하지만 법적으로는 구제 방법이 없다. 또한 삭제·수정 요청을 명확한 내부 기준과 절차에 따라 처리한 곳은 한 곳도 없으며 대부분 담당 기자나 데스크의 판단과 재량에 따라 처리했다.

위 사례들은 과거 기사 삭제의 일부에 불과하지만 단편적이나마 언론사 안에서 진행되고 있는 실태와 절차를 파악하게 해준다. 신청자와 요청 사유에 따라 분류하면 〈표 8〉과 같다.

위 사례들에서는 성형수술, 취업, 직업, 결혼, 성 정체성 등 개인들이 보도 당시와 달라진 사정과 그로 인한 지금의 피해를

〈표 8〉 기사 삭제·수정 요청 사례의 분류

신청자 신분과 사유에 따른 분류	사례
기업, 공인의 요청	2, 3, 5, 8, 10, 12
무혐의 범죄 보도 관련 요청	8, 9
개인 사정의 변화로 인한 요청	1, 4, 5, 6, 7,
유족(가족)의 요청	13
인터넷의 기술적 특성과 연관	2, 11

이유로 기사의 삭제와 수정을 요구한 사실을 알 수 있다. 다수의 언론사에서는 기사의 공익적 가치에 비해 개인의 권리 침해가 크다고 판단한 경우에 신청자의 요구를 받아들여 기사를 삭제한 것을 확인할 수 있다(사례 5, 6, 7, 9, 11). 또 기업과 기업가 등 공인이 관련된 기사에 대한 삭제 요청도 받아들여졌다(사례 3, 8, 12).

언론계와 언론사 내부에 기준과 절차가 없는 상태에서 기사 삭제 요청의 처리가 담당 기자와 데스크의 판단에 맡겨진 경우가 많으며, 이는 기자에게도 혼란을 안겨주는 상황이다(사례 5, 13). 사례 12처럼 사실 관계에 문제가 없는데도 대기업 최고경영자의 이의 제기로 작성 기자에게도 알리지 않고 신문사와 포털에서 기사를 삭제한 경우도 있다.

기사에도 잊혀질 권리를 적용할 수 있는가

인터뷰 대상 언론인 32명 모두 인터넷에서 잊혀질 권리의 필요성을 인정했지만, 기사에도 잊혀질 권리를 적용할 수 있는지에 대해서는 차이가 있었다.

보도에 잊혀질 권리를 적용할 수 없다는 인식의 배경에는, 기사는 과거의 기록인 만큼 상황 변화를 이유로 수정해서는 안 된다는 논리가 있다. 보도는 당시 맥락에서 이뤄지고 보도 행

〈표 9〉 묵은 기사 삭제에 대한 인식

구분	이유	답변자
삭제 불허	과거에 대해 현재 기준 적용한 수정 안 돼	전문지 B, 경제지 A
	과거 기사 불완전해도 보존해야	종합지 G
	오랜 과거 기사 팩트 확인 어려움	방송 D
	언론사 판단과 책임 아래 보도, 삭제 불가	경제지 D
삭제 허용	기사 수정은 왜곡 아닌 기록 바로잡기	인터넷 B
	오류 수정이 기사의 책임성 강화	인터넷 D
	인터넷에서 기사는 수정 가능, 재 유통	방송 F, 경제지 E
	인터넷 환경에 맞는 수정 방식 필요	종합지 C

위를 통해서 역사적 기록물이 된 것이므로 요청에 따라 과거에 대해 현재의 기준을 적용하는 것은 역사 수정이라는 주장이다.

하지만 일부 응답자는 인터넷에서 기사 삭제가 필요하다고 했다. 기술 변화와 사용자 접근성에서 달라진 미디어 환경을 고려해 언론의 기준도 변화해야 한다는 것이다. 곧, 과거 신문, 방송 등 오프라인 매체에 통용되던 '발행 뒤 수정 불가 원칙'을 현실에 맞게 고쳐야 한다는 주장이다. 기사 삭제 여부에 대한 언론인들의 답변과 이유는 〈표 9〉와 같다.

언론사 또는 언론중재위원회 차원에서 기사 삭제가 이뤄지고 있는 만큼 이를 공식화해서 새로운 언론 피해 구제 청구권으로 제도화하는 기사 삭제 청구권 신설 여부에 대한 언론인들의 인식도 조사했다(〈표 10〉).

〈표 10〉 기사 삭제 청구권 제도화에 대한 인식

구분	이유	응답자
제도화 찬성	잘못된 기사 삭제하지 않으면 계속 유통돼 피해	방송 E, 종합지 C, 인터넷 F,
	수용자 권리 강화에 도움, 군림해온 언론이 수용해야	종합지 B, 통신 E, 통신 B, 인터넷 B,
	요청에 의한 임의 삭제 없애 절차적 투명성 제고	종합지 C, 인터넷 D, 인터넷 C
제도화 반대	정정보도 등 기존 청구권이나 소송으로 해결해야	통신 C, 방송 A, 통신 F, 인터넷 E,
	과거 기사에 대한 팩트 확인 통한 정정 어려움	경제지 B, 방송 D
	제3의 기구에 의한 강제는 언론 자유 위축 우려	종합지 D, 전문지 B
	청구권 빌미로 권력자 등의 악용 사례 가능	인터넷 F, 방송 B

당사자가 피해를 호소하는 과거 기사 삭제 요청 처리 시 구체적으로 어떠한 유형의 기사를 대상으로 할지에 대해서는 응답자마다 차이가 있었다. 인터뷰 대상자들에게 삭제 대상 묵은 기사의 유형으로 오보, 무혐의로 밝혀진 범죄 기사, 일반인의 신상 정보가 드러난 기사, 기사 관련자가 자신과 관련한 내용의 삭제를 원하는 기사 들을 제시했다.[1] 응답자 다수는 삭제 가능 기사로 오보를 지목했지만, 일부는 오보도 역사의 일부이고 고유한 기능이 있기 때문에 보존해야 한다고 말했다.

기사 삭제 청구권 도입에 반대하는 응답자들은 보도 당시의 맥락과 기록성을 중시하는 것이 저널리즘의 기본 가치라는 인식을 보였다. 반면 도입 찬성자들은 보도 뒤 추후 수정이 불가능했던 오프라인 시절의 관행에서 벗어나 인터넷 환경에서는 잘못을 바로잡고 관련 피해자의 권익을 보호하는 게 저널리즘의 진화한 가치라는 인식을 보였다. 응답자들의 상반된 인식은 제도화 여부에 대해서도 각각 찬성과 반대로 달리 나타났다.

기사 삭제의 처리 방식

언론이 묵은 기사 삭제 요청을 처리하는 방식에 대한 물음에서 언론인들은 특정한 절차를 선호하지 않는 것으로 나타났다. 언론사 위임, 언론계 공통의 자율 기준, 제3의 중재 기구 등 3가지 방안을 제시했지만, 인터뷰 과정에서는 각 방안의 한계가 지적됐다.

우선, 기사 삭제 신청과 처리를 언론사 자율에 맡겨서는 안 된다는 응답자들은 서로 다른 근거를 제시했다. 한 응답자는 언론사에 맡길 경우 신청인과 언론사가 결탁하거나, 언론사가 권력화해서 신청인의 피해 구제 요청을 무시할 수 있다는 점을 지적했다. 다른 응답자는 언론계 차원의 논의 필요성을 제기했다. 인터넷 환경의 저널리즘에서 잊혀질 권리가 갈수록 중요해질 것이기 때문에 언론계가 주도하는 공론화를 통한 적극적인 해결 방안 모색이 필요하다는 것이다.

〈표 11〉 기사 삭제 처리 절차 도입에 대한 인식

구분	이유	응답자
제3의 기구	강제성 지닌 실질적 피해 구제 방법	인터넷 F
언론계 공통의 기준	언론계 주도의 공론화와 해결책 모색	인터넷 C
언론사별 위임	수용 안 될 시 소송으로 언론사 책임 강화	방송 A
	신문사별 편집 기준 다르다	종합지 A

그러나 일부 응답자는 언론사별로 편집 방향이 달라 공동 기준을 만드는 것이 어렵기 때문에 개별 언론사 자율에 맡기고 책임을 물어야 한다고 답변했다(〈표 11〉).

묵은 기사 삭제 요청에 대한 처리 절차를 묻는 질문에서 응답자들이 속한 매체 특성에 따른 차별점도 파악할 수 있었다. 이미 신문, 방송, 통신, 인터넷 매체 들은 매체의 기술적 특성과 서비스 환경에 따라 서로 다른 방식을 운용하고 있었다.

매체 유형에 따른 특성은 〈표 12〉와 같다. 인쇄 매체인 신문은 최초의 발행 형태를 유지한 기록(PDF)으로 보관하지만, 인터넷신문과 방송은 보도 이후 수정·삭제에 대해 유연한 태도를 보였다. 언론사에 속보를 제공하는 통신은 기사 삭제·수정을 일상적으로 하며 이를 고지하고 있었다.

〈표 12〉 매체 유형에 따른 오보 처리 실태

매체 유형	플랫폼에 고유한 오보 처리 실태	응답자
신문	신문 PDF는 수정 안 함, 인터넷만 수정 삭제	종합지 D
통신	'대체 기사' 통해 최초 기사 삭제	통신 C
방송	시청자는 자료화면도 현재로 인식, 문제시 적극 삭제	방송 A
	문제 보도는 6개월 이전이라도 다시보기에서 삭제	방송 D
인터넷	'삭제' 대신 해당 기사를 '수정'과 '보강'으로 처리	인터넷 A

기사 삭제의 부작용

응답자들은 묵은 기사 삭제 절차를 도입할 때의 부작용을 지적했다. 언론사가 묵은 기사 삭제를 처리한다는 방침을 공개할 경우에 다수 이용자들의 신청으로 업무 부담이 늘고 기능 수행이 떨어질 것이라는 우려였다. 또한 기사 삭제 청구권이나 묵은 기사 삭제 절차를 도입하기 위해서는 정정·반론보도 청구 기한을 연장해서 6개월 이전 기사에 대해서도 삭제·수정을 요청할 수 있는 법적 근거를 마련해야 한다. 응답자 다수는 현재의 6개월 시한이 신문, 방송 등 오프라인 언론의 상황에서 만들어진 것임을 감안할 때 인터넷 환경에서의 새로운 규정을 통한 시한 연장이 필요하다고 답변했다. 하지만 구체적인 연장 기간에 대해서는 고민스럽다고 했다. 이를 정리하면 〈표 13〉과 같다.

〈표 13〉 기사 삭제 청구권을 도입할 때의 문제

구분	내용	응답자
부담 증가	삭제 요청 증가 땐 언론사 업무 증가	종합지 D, 통신 B
	요청 처리할 별도의 조직, 비용 필요	종합지 G
언론 자유	삭제 청구권 남발 시 기자들 취재 자유 위축	방송 B
	과거에 현재 기준 적용은 일종의 검열로 기능	인터넷 F
시한 연장	과거 팩트 확인할 기자, 자료 접근 어려움	방송 D, 경제지 B

묵은 기사 삭제가 신청자와 언론사 간의 합의를 통해 이뤄질 때의 부작용도 지적됐다. 다수는 이런 처리 구조라고 하더라도 사유와 수정 일시가 일반 독자들에게 고지돼야 한다고 응답했다. 당사자 간 기사 삭제·수정이 이뤄질 경우 한번 보도된 기사에 대해 영향력을 행사하려는 세력이나 이를 활용하려는 언론사에 의해 악용될 우려가 있기 때문이었다. 삭제·수정 사실을 고지하는 것은 기사에 대한 사후 서비스이자 제조업체 리콜처럼 장기적으로 신뢰도를 높이는 데 기여할 것이라고도 했다.

문제 기사를 삭제해도 인터넷 특성상 완벽하게 삭제가 불가능해 실효성이 낮다는 견해에 대해서 거의 대부분은 그렇지 않다는 의견을 보였다.[2] 원본에서 삭제됐다는 상징성과 규정성이 실제로 영향을 끼칠 것이며 삭제된 기사라는 정보 역시 유통될 것이라는 판단이었다.

실제적 대안

인터넷의 속성에 대해 이해가 깊은 일부 응답자는 묵은 기사에 대한 잊혀질 권리가 인덱싱을 통한 검색 편의성과 포털의 과잉 노출에서 비롯한 문제라고 지적했다. 즉 잊혀질 권리는 언론사 사이트에 있는 기사에 대한 문제가 아니라, 네이버나 구글 등을 통해 이뤄지는 인덱싱과 검색, 관련 기사 노출로 인한 문제라는 것이다.

한 응답자는 '과잉 맥락화'를 제시하고 구체적 사례를 소개했다.[3] 검색 이용자에게는 편리한 통합검색 기능이지만, 기사 관련자에게는 현재와 무관한 과거 기사까지 묶여서 서비스돼 피해를 일으킨다는 점에서 과잉 맥락화라고 설명했다. 실제로 기업이 언론사의 과거 기사는 그대로 두고 포털 검색에서만 삭제를 요청한 사례도 인터뷰를 통해 드러났다. 이런 인식은 과거 기사를 디지타이징해서 수많은 이용자에게 검색 편의를 제공하고 이를 통해 자사 검색 품질을 제고하는 포털 업체에게 책임을 지워야 한다는 의견에서도 나타났다.

묵은 기사에 대한 잊혀질 권리가 검색의 인덱싱에서 비롯한 만큼 기사를 기록으로 보존하는 것과 대중적 서비스를 분리해서 저널리즘의 가치와 프라이버시를 동시에 보호하자는 분리 접근법도 제시됐다.

이러한 응답을 통해 범죄 기록 보도에서 언론 자유와 프라이버시권이 경합하지만, 시간이 지날수록 뉴스성 대신 프라이버시가 중요해진다고 본 베로의 견해에 다수의 응답자들도 인식을 공유하고 있음을 알 수 있었다.

1. 인터뷰 대상자에게 보기로 제시한 과거 기사의 유형은 다음과 같다. '일가족 식중독 사망' 사건을 다룬 1963년 기사, '속옷 절도 혐의범'을 다룬 1994년 기사, '가수 A 씨 간통' 사건을 다룬 1975년 기사 3건, '나주 초등생 성폭행 사건 오보' 2012년 기사다.
2. 응답 언론인 32명 가운데 31명이 인터넷에서 원본 삭제의 피해 구제 실효성이 있다고 응답했다. 1명(인터넷 E)은 인터넷에서는 기사 삭제의 실효성이 적기 때문에 기사를 수정하고 그 수정 내역을 기록하는 게 더 효과적이라고 답변했다.
3. '사례 2'와 '사례 3'이 과잉 맥락화의 사례이다.

잊혀질 권리와 저널리즘 윤리

심층 인터뷰에서 묵은 기사 삭제를 인터넷 환경에서 맞닥뜨린 저널리즘의 핵심 과제로 보고, 외부 규제가 아닌 언론계 차원에서 문제의식을 공유하고 공통된 논의를 하는 것이 언론의 전문성 측면에서 필요하다는 관점이 제시됐다. 그리고 일부 응답자는 기사 삭제 청구권 논의 과정에서 언론사와 기자 중심의 판단이 아닌 수용자의 권익을 고려해야 한다고 했다. 이는 잊혀질 권리를 법적·기술적 차원이 아닌 언론 윤리 차원에서 접근해야 한다는 관점이다. 언론이 수용자 권익 보호를 외면하거나 기록성을 이유로 묵살하는 것은 법적 책임을 떠나서 시대적 흐름을 제대로 반영하지 못하고 있다는 것이다. 이는 공공성이라는 언론의 가치 추구 과정에서 개인의 프라이버시나 권리 침해를 무시해서는 안 된다는 진화한 언론 가치이기도 하다.

삭제 청구권에는 의견 차이, 절차 투명성에는 공감

심층 인터뷰에서 잊혀질 권리를 적용해 보도 당시에 문제가 없는 기사를 나중에 삭제·수정할 수 있는지에 관한 인식을 조사한 결과는 아래와 같다. 응답 언론인들이 주요한 질문에 대해 공통된 의견을 보였는지 여부와 주된 답 내용은 〈표 14〉와 같다.

〈표 14〉를 항목별로 정리하면 아래와 같다.

첫째, 언론중재위원회나 각 언론사에 의해 공개되지 않은 묵은 기사 처리에 관한 언론사별 사례와 관행이 파악됐다. 일부 언론사가 묵은 기사 삭제 등 잊혀질 권리의 적용 기준을 공개했지만 실제로는 대부분의 언론사가 명시적 기준 없이 기사를 삭제·수정하고 있었다. 절차에 있어서도 외국 주요 언론들처럼 수정·삭제한 내용을 공개하거나 기록하는 언론사는 없었다.

둘째, 과거 기사에 대한 삭제·수정 요청이 있을 때 언론사의 기준이 없어서 상당수가 담당자에 의해 임의적으로 처리되고 있었다. 심층 인터뷰에서 파악된 과거 기사 삭제 요청 중 다수는 공인이 아닌 일반인의 피해 호소였는데 기자와 데스크가

〈표 14〉 심층 인터뷰 결과 주제별 구분

질문 주제	다수 의견	주요 응답 내용	
삭제 기준과 프로세스 여부	있음	언론사 내·외부 기준 부재, 담당자 임의 처리	
삭제·수정 사실 공개 여부	있음	공개 안 함	
삭제 청구권의 제도화 여부	없음	제도화 찬성	제도화 반대
		• 인터넷 환경의 피해 구제, 수용자 권리 강화 • 오류 수정으로 기사 책임성 강화 • 불투명한 임의적 삭제 관행 탈피	• 오보, 오류도 보존해야 할 기록 • 제도화 없이도 현행 방식으로 처리 가능 • 과도한 삭제 요구로 언론사 부담
피해 구제 신청 기한 연장 여부	없음	연장 찬성	연장 반대
		• 종이 환경의 '6개월'은 인터넷에서 부적합 • 보도 시점 아닌 서비스 이용 시점 기준해야	• 6개월이면 이의 신청 기간 충분 • 늘릴 경우 언제까지 연장할지 합의 불가
삭제권 도입 시 결정 주체 문제	없음	언론계 공통, 언론사별, 제3의 기구에 대한 선호 엇갈림	
삭제 절차의 절차적 투명성 도입	있음	삭제·수정 사실 독자에 공개해야 임의삭제 부작용 제거	
삭제권 도입 시 예상 부작용	없음	• 언제까지 소급 적용할지 불명확 • 추후 수정은 역사 기록 훼손, 언론 신뢰 저하 • 언론 자유 침해 • 권력층의 악용 가능성 • 묵은 기사 삭제 요청 시 사실 검증 어려움	
대안적 접근 제시	없음	• 언론의 기록성과 인터넷 서비스의 이원화 • 법과 기술 아닌 언론 윤리 차원 접근 필요 • 인터넷 보편화, 이용자 권리 의식 강화 반영한 전향적 피해 구제 방식 도입 필요	

임의로 처리했다. 대기업 최고경영자 관련 기사가 담당 기자도 모른 채 삭제된 사례는 과거 기사의 삭제·수정이 언론사 자체적

으로 비공개로 이뤄질 때 예상되는 우려를 드러냈다.

셋째, 기사 삭제 청구권을 도입할 경우에는 삭제·수정 절차를 공개로 전환하고 절차적 투명성을 보장해야 한다는 인식이 다수였다. 일부 응답자는 취재원과 언론사 간의 합의로 이뤄지는 기준 없는 삭제를 막기 위해서 기사 삭제 청구권의 제도화 및 공식화가 필요하다고 보았다. 또한 이용자 권리 확대 차원에서 수용할 필요가 있다는 견해도 제시됐다.

넷째, 인터넷에 기사 삭제 청구권을 도입하는 문제에 대해서는 두 갈래로 나뉘었다. 기사의 기록적 가치와 언론의 전통적 기능을 중시해 도입하지 말아야 한다는 쪽과 달라진 언론 환경과 수용자의 권익 보호 차원에서 도입해야 한다는 쪽이다. 청구권 도입에 반대하는 언론인들은 보도 당시의 잣대로 기사화하는 것이 언론의 사명이므로 나중에 달라진 기준을 적용해 수정하는 것은 옳지 않다는 인식을 나타냈다. 언론의 기록적 가치가 훼손되면 결국 저널리즘의 권위와 신뢰도가 떨어진다는 것이다. 반면 청구권을 도입해야 한다는 언론인들은 이용자 권리 의식 제고, 언론 윤리의 확대 등 저널리즘 환경의 변화에 부응하는 게 옳다고 답변했다. 이들은 저널리즘의 형식이 시대와 환경에 맞게 진화하는 것이 언론의 가치를 높이는 방향이라고 보았다.

다섯째, 기사 삭제 청구권을 도입할 경우의 현실적 방안에 대해서 응답자들의 지배적 인식을 발견할 수 없었다. 피해 구제 대상 기사의 신청 기한에 대해 현재의 6개월이 짧다는 데 동의하는 응답이 많았다. 하지만 구체적으로 보도 이후 언제까지로 연장할지에 대한 추가 질문에는 대부분의 응답자가 어려운 문제라며 답변을 유보했다. 또한 삭제 청구권을 각 언론사에 맡길지, 언론계 공통의 기준을 만들지, 현재처럼 제3의 중재 기구를 통할지에 대해서도 생각이 엇갈렸다.

여섯째, 잊혀질 권리가 저널리즘의 문제로 떠오른 것은 저널리즘 활동과 이용이 인터넷 환경에서 이뤄지는 데 따른 현상임을 지적하며 구체적 해결 방안이 제시됐다. 공공성과 기록성이라는 저널리즘의 가치를 인터넷에서 손쉽게 검색되고 재활용되는 현실과 구분해서 처리하자는 방안이다. 구체적으로 기사는 발행한 그대로 해당 언론사의 서버나 내부에 보존해 연구자나 관계자의 접근을 허용하고, 포털 검색이나 관련 기사를 통해 일반인에게 손쉽게 노출돼 권리 침해를 일으키는 기사는 수정하거나 삭제하자는 것이다. 이 방안을 실행하기 위해서는 플랫폼과 기술을 제공하는 포털과 검색 업체에 어느 정도 책임을 지워야 한다는 일부 의견이 있었다.

일곱째, 심층 인터뷰에서 일부 응답자는 이 문제를 기술적·법리적 차원이 아닌 새로운 환경에서 요구되는 언론 가치와 윤리의 문제로 바라보고 있었다. 인터넷에서 기사 수정을 통해 기사의 기록성과 공공성을 유지하면서도 피해자를 구제할 수 있는데, 이를 받아들이지 않고 언론 스스로 과거의 관행에 머무

르려 해서는 안 된다는 것이다. 이러한 인식은 언론 윤리가 시대와 환경에 맞게 진화할 필요성을 제시한 것으로 볼 수 있다.

에필로그

잊혀질 권리를 허하라

인터넷에서 묵은 기사의 삭제 요청은 저널리즘의 가치와 수용자 프라이버시권의 대립을 가져오며 잊혀질 권리를 논의 마당으로 불러들였다. 하지만 현재로서는 법적 해결책이 없다. 피해 현상은 명확하지만 법적 근거와 구체적 해결 방안이 없는 것이다. 잊혀질 권리를 어떻게 바라보고 적용할 수 있을지에 대해서 언론계 안팎의 논의가 절실해지고 있다. 먼저, 언론계 안에서의 논의를 위한 구체적 절차는 아래와 같다.

첫째, 기자협회나 편집인협회 등 언론계 차원에서의 과거 기사 삭제 요청과 잊혀질 권리에 관한 공개 논의가 필요하다. 묵은 기사 수정·삭제 요청과 그 처리는 계속 늘어날 전망이다. 기사의 유효 기간이 사라지는 유통 환경은 과거 기사의 디지타이징에 국한되지 않고 현재와 미래의 모든 보도물에 적용되기 때문이다. 여기에 검색 편의성 증대도 한몫할 것이다. 수용자들의 문제 제기 또한 늘어날 것이다. 인터넷 환경에서 수용자도 능동적 이용자로 변하고 있고 프라이버시와 권리 의식이 높아지고 있다. 이런 상황에서 과거 기사의 수정·삭제가 가능하다는 정보가 퍼지면 구제 요구는 늘어날 수밖에 없기 때문이다.

이러한 변화는 인터넷 환경에서 저널리즘의 의미와 기능에 대한 새로운 검토를 필요로 한다. 중요하고 공적인 정보를 제공함으로써 민주 사회의 공론장 역할을 하는 언론이 인터넷 환경에 적합한 공론의 형성 및 유통 구조를 확립하지 못할 경우 언론의 기능과 가치가 위축될 수 있다. 대표적으로 공익적 가치가 거의 없고 보도 기준이 달랐던 과거 신문의 사소한 범죄 기사에 드러난 개인정보가 인터넷 환경에서 삭제되지 않고 유통되는 문제를 들 수 있다. 이는 권력의 보이지 않는 감시가 시민들을 스스로 검열하고 위축시킨다는 푸코(Foucault)의 파놉티콘(원형 감옥)에 대한 우려로 연결될 수 있다. 디지털 시대에는 망각과 용서의 가치가 중요해진다. 개인의 일거수일투족과 사소한 발언도 잊히지 않고 영원히 기록으로 유통된다면 시민들은 자유로운 의사 표현을 꺼릴 것이다. 잊혀질 권리가 없는 디지털 환경은 개인들의 자유로운 의사 표현과 참여를 막고, 결과적으로 언론의 공론장 기능을 위축시킬 수 있다.

또한 잊혀질 권리가 요구되는 미디어의 환경 변화는 수용자의 요구를 어떻게 받아들일 것인가를 생각하게 한다. 이를 위해서는 개별 언론사 단위를 넘어서는 언론계와 법률계의 논의가 필요하다. 왜냐하면 기록 가치의 보존인가, 피해 없는 정확한 보도를 위한 적극적인 기술 수용인가는 시대와 환경 변화에도 불구하고 지속되어야 하는 저널리즘의 본질적 가치와 연관되어 있기 때문이다. 심층 인터뷰를 통해 기사에 잊혀질 권리를 도입하는 것에 대한 언론인들의 인식과 태도를 살펴본 결과, 언론인들은 찬성과 반대의 논리적 근거로 모두 저널리즘의 기능과 가치를 제시했다. 이는 언론계 차원에서 묵은 기사 삭제에 대한 논의의 필요성을 제기하는 것으로 이해할 수 있다.

둘째, 저널리즘 윤리 차원에서의 접근이 필요하다. 과거의 보도 관행에 따라 일반인의 신상 정보가 드러난 기사로 인한 피해 호소를 종이신문 시절 만들어진 청구 시한과 시효를 적용하고 있는 법과 규정으로는 효과적으로 다룰 수 없다. 언론사가 저널리즘 윤리 차원에서 자발적으로 접근할 필요가 있다.

묵은 기사 삭제 요청에 대해 언론이 법적 강제가 없다는 이유로 외면하고 방치한다면, 결과적으로 언론의 신뢰도와 권위를 스스로 훼손하는 것이 될 수 있다. 미디어 환경이 달라져 뉴스의 생산·유통·보존·활용 형태가 커다란 변화를 겪고 이로 인해 매체의 영향력이 달라졌다. 그런데 언론이 과거의 기준과 관행을 고수하면 이는 변화된 환경에 맞는 언론의 역할과 적응을 거부하는 결과가 된다. 특히 언론은 공중의 알 권리를 대리 수행하면서 공론의 장을 제공하는 민주 제도의 핵심 장치로서 상당한 특권을 인정받고 있다. 따라서 그에 걸맞은 윤리 의식과 책임감을 갖추지 못한다면 권력 기관으로서의 폐해를 일으킬 수 있다. 언론의 윤리 의식과 책임 의식은 언론의 오랜 관행과 내부 인식에 국한되지 않고 시대적 환경과 이용자 필요에 부응해야 할 필요가 있다.

저널리즘 윤리 차원에서의 접근은 기사 삭제 절차와 기준의 공개 등 투명성 강화를 필수 조건으로 한다. 기존의 기사 삭제는 공통 기준 없이 언론사별로 임의적으로 처리되어 왔는데, 이는 비공개성과 깊은 관련이 있다. 묵은 기사를 수정·삭제할 경우 보도 당시와 마찬가지로 공개적으로 처리해야 한다.

셋째, 언론의 기록성, 보존성과 검색엔진의 인덱싱 결과 노출을 분리하는 방안을 도입할 필요가 있다. 이는 언론의 기록성과 공익성을 유지하면서 묵은 기사로 인한 피해자의 구제 요청을 수용할 수 있는 기술적 방안이다. 기술로 생겨난 문제는 기술적 접근으로 해결해야 한다. 묵은 기사로 인한 피해 구제 요청은 오래된 신문 기사가 남아 있어서가 아니라, 해당 기사를 의식적으로 찾지 않은 불특정 다수의 사람에게 무차별적으로 노출되면서 생겨났다. 통합 검색으로 이용 가능한 네이버 뉴스라이브러리와 달리, 검색엔진에 노출되지 않거나 인덱싱 기능이 없는 각 신문사의 PDF, 미디어가온의 옛날 신문 보기 서비스를 대상으로 한 삭제 요청이 없는 점도 이를 뒷받침한다. 디지털화로 인한 정보의 준영구적 보존성, 확대된 접근성, 탈맥락화한 활용이 생겨났는데, 묵은 기사로 인한 권리 침해는 접근성과 탈맥락화에 따른 부작용이다. 따라서 문제 해결도 접근성과 탈맥락화에 집중해야 한다. 바로 '인덱싱'이다.

기사의 수정·삭제는 묵은 기사에 대해 '추후 수정' 또는 현재의 보도 기준을 '소급 적용'하는 저널리즘적 관점에서의 저항감이 있다. 그러나 이는 기술적으로 처리할 수 있다. 비슷한 사례가 기사보다 법적으로 더 엄격한 적용을 받는 관보와 판결문에서 시행된 바 있다. 묵은 기사 삭제가 보도의 기록성과 공공성을 훼손할 것이라는 문제 제기는 보존 영역에 있던 묵은 기사가 서비스 영역에서 접근성이 높아지면서 생겨났다. 따라서 묵은 기사에 대해 기록 기능과 서비스 기능을 분리해 관리하는 것이 방안이 될 수 있다.

포털 뉴스와 검색 서비스에서 개인의 신상 정보를 삭제하거나 블라인드한다고 해도 해당 기사의 원본은 신문사의 PDF 서비스, 기록 보존용 데이터베이스에 그대로 보관할 수 있다. 그리고 이 보관 기록은 종이신문 마이크로필름처럼 요청자에게 개방해야 하고 해당 데이터베이스 안에서 인덱싱 기능을 제공해야 한다. 언론사에서 묵은 기사를 보존하면서도 관련자의 권리 침해를 구제하는 방법은 문제의 주된 원인인 인덱싱에 대한 기술적 제한을 통해 이루어져야 한다.

다만 이 문제는 특정 언론사 차원을 넘어 국제적으로 폭넓게 진행되고 있는 잊혀질 권리 논쟁과 관련해서 다룰 필요가 있다. 2014년 5월 유럽연합 사법재판소의 잊혀질 권리 판결은 언론사의 묵은 기사를 그대로 보존하면서 검색엔진의 검색결과에서만 링크 삭제를 통해 둘을 분리하는 방식이다. 유럽연합 안에서만 효력이 있지만 그 밖의 지역에서도 판결의 의미는 중대하다. 기사를 인덱싱해서 통합검색을 통해 제공하고 있는 포털과 검색 업체의 기능에 대한 사회적 합의와 추가적 논의가 필요하기 때문이다. 한국에서도 이 논의를 바탕으로 인덱싱과 기사의 보존을 분리해 각각의 가치를 구현하는 법안을 검토할 필요가 있다.

넷째, 언론중재법에 기사 삭제 청구권 또는 검색결과 링크 배제 청구권을 도입하는 법 개정을 통해 언론중재위원회에서 묵은 기사 삭제·수정의 문제를 공개적으로 처리하는 것이 필요하다. 언론중재위원회와 개별 언론사 차원에서 기사 삭제가 이뤄지고 있으나 공식적인 청구권이 아니라서 처리 과정이 불투명하며 이로 인한 부작용이 생기고 있다. 공식 청구권이 없어 이용자들은 정정보도, 반론보도, 손해배상 등 다른 청구권을 활용해 피해 구제를 신청한 뒤 조정 과정에서 기사 삭제를 조건으로 합의하는 우회로를 택하고 있는 실정이다. 이는 언론중재법과 중재 절차의 실효성과 제도에 대한 신뢰 저하 문제를 낳는다. 언론의 임의적 처리 또한 피해 구제에 적극적이지 않아 언론 신뢰를 저하시킬 수 있다는 문제를 드러냈다. 현재의 기사 삭제 방식이 바뀌어야 한다는 것은 심층인터뷰에서 언론인들이 보여준 비공개적이고 임의적인 기사 삭제에 대한 비판적 인식에서 확인할 수 있다.

하지만 법제화를 통해 기사 삭제 청구권을 도입하는 데는 과제가 있다. 종이신문 환경에서 제정된 6개월 청구 시한의 연장 문제는 명료성이 필요한 입법에서 걸림돌이 될 수 있다. 추후보도 청구권이 보도 시점이 아닌 사실 변경 인지 후 3개월을 청구 시한으로 삼고 있는 점을 참고할 수 있다.

디지털 세상의 권력 구조를 인간화할 실마리

책에서는 언론의 묵은 기사 삭제와 인터넷 검색결과 배제 요구를 중심으로 잊혀질 권리를 다뤘다. 하지만 잊혀질 권리는 오래된 신문기사에 국한된 문제가 아니다. 잊혀질 권리는 스마트폰, 카카오톡과 페이스북 같은 SNS, 교통카드와 신용카드를 사용하면서 디지털 세상을 살아가는 모든 사람에게 해당하는 문제다.

그럼에도 오래된 신문기사에 대한 삭제 요청을 주로 살핀 것은 잊혀질 권리가 왜 디지털 사회에서 중요한 문제인가를 보여주기 위한 방편이었다. 공적 성격을 지닌 기록이면서 대중에게 널리 알려진 언론의 보도물조차 시간이 지나고 이용 환경이 달라지면 맥락에서 벗어나 활용되곤 한다. 그 결과 프라이버시 침해 같은 예상하지 못한 피해가 일어난다. 언론 보도마저 이렇다면, 인터넷 세상의 다른 많은 콘텐츠가 애초의 목적과 달리 활용될 수 있다는 것을 뜻한다.

디지털 세상에서 잊혀질 권리라는 낯설고 어색한 표현이 등장하게 된 현상을 살피면 디지털 기술과 그 사용자인 사람이 맺는 관계 방식을 이해할 수 있다. 잊혀질 권리는 디지털 기술과 인터넷의 속성상 적용 불가능하다고 주장하는 사람들이 있다. 특히 기술을 개발하고 마케팅하는 기업이 그러하다. 하지만 이는 기계의 질서를 사람이 무조건 따라야 한다는 기술절대주의 관점에서 벗어나지 못하는 맹목적 믿음일 따름이다. 기술도 결국 사람이 설계하고 만드는 것이다. 따라서 얼마든지 기술에 사회적으로 필요한 인간적 요구를 담을 수 있다. 이를 위해서는 사회적 합의를 만들어내기 위한 문제 제기와 논의를 먼저 해야 한다.

결국 잊혀질 권리는 기술에 사람을 맞출 것인가, 사람의 생각과 문화에 기술을 맞출 것인가의 문제로 이어진다. 당장 이 문제의 정답이 없다고 해서 사람이 기계의 작동 방식과 구조에 무조건 따라야 하는 것은 아니다. 다시 말하지만, 기술은 우리가 기대하고 요구하는 만큼 더 인간화될 수 있다. 지금, 여기에서 디지털 세상의 권력 구조를 인간화하기 위한 실마리가 바로 잊혀질 권리다.

나에 관한 기억을 지우라

잊혀질 권리 vs 언론의 자유

초판 1쇄 발행 2016년 10월 25일
초판 2쇄 발행 2017년 5월 25일

지은이 구본권
펴낸이 홍석 | **전무** 김명희
편집팀장 김재실 | **본문 디자인** 서은경·박두레
마케팅 홍성우·이가은·김정혜·김정선 | **관리** 최우리

펴낸 곳 도서출판 풀빛 | **등록** 1979년 3월 6일 제8-24호
주소 03762 서울특별시 서대문구 북아현로 11가길 12 3층
전화 02-363-5995(영업), 02-362-8900(편집) | **팩스** 02-393-3858
홈페이지 www.pulbit.co.kr | **전자우편** inmun@pulbit.co.kr

ISBN 978-89-7474-794-7 93070

책값은 뒤표지에 표시되어 있습니다.
파본이나 잘못된 책은 구입하신 곳에서 바꿔드립니다.

이 도서의 국립중앙도서관 출판예정도서목록(CIP)은 서지정보유통지원시스템 홈페이지(http://seoji.nl.go.kr)와 국가자료공동목록시스템(http://www.nl.go.kr/kolisnet)에서 이용하실 수 있습니다.(CIP제어번호: CIP2016020479)

이 책은 방송문화진흥회의 저술 지원을 받아 만들어졌습니다.